LIONEL BELLENGER
ET MARIE-JOSÉE COUCHAERE

L'Écoute

Osez l'empathie pour améliorer vos relations

esf
EDITEUR

Direction éditoriale : Sophie Courault
Responsable éditoriale : Virginie Hamelin
Édition : Claire Cabaret
Relecture - correction : Carole Fossati
Composition : Ordiphone communication/Éloise Mariotta

Division de Reed Business Information
SAS au capital de 4 099 168 €
Forum 52 – 52, rue Camille-Desmoulins
92448 Issy-les-Moulineaux Cedex
Président : Antoine Duarte
Actionnaire principal : Reed Elsevier France
3e édition actualisée 2012

www.esf-editeur.fr

ISBN 978-2-7101-2429-0
ISSN 0768-2026

Comment tirer le meilleur parti de cet ouvrage ?

Cet ouvrage a pour vocation de vous accompagner dans votre développement personnel et professionnel.

Pour remplir au mieux ces missions, il est constitué de 3 parties :

1 - La première partie, « **Comprendre les enjeux** », vous apporte les éclairages indispensables pour :

✓ acquérir une vue d'ensemble de la thématique ;

✓ maîtriser la méthodologie ;

✓ et découvrir les outils appropriés.

2 - La deuxième partie, « **Mettre en pratique** », vous permet de vous entraîner, et grâce aux exercices proposés, d'approfondir et d'assimiler la thématique développée tout au long de l'ouvrage. Les corrigés, quant à eux, permettent de faire le point sur la progression engagée et d'entamer un travail de réflexion personnel.

3 - La dernière partie, « **Pour aller plus loin** », vous propose :

✓ un programme de session de formation pour les professionnels qui souhaiteraient monter un stage de formation ;

✓ un lexique ;

✓ un index ;

✓ une bibliographie.

Pour profiter au mieux des ressources de cet ouvrage, l'auteur a conçu un **plan d'autoformation** personnalisé qui vous conduira, étape par étape, à la maîtrise du sujet traité. Ce plan d'autoformation se trouve page suivante.

Bien entendu, vous pouvez également choisir de découvrir cet ouvrage de façon habituelle, en vous appuyant sur la table des matières que vous trouverez en page 7.

Nous espérons que cet ouvrage vous rendra les meilleurs services dans vos activités professionnelles et personnelles. N'hésitez pas à nous écrire pour nous faire part de vos remarques, critiques et suggestions :

ESF éditeur - Service Lecteurs
Forum 52
52, rue Camille-Desmoulins
92448 Issy-les-Moulineaux cedex

Plan d'autoformation

1. **Lire le chapitre 1** pour faire le point sur les enjeux de l'écoute.
2. **Lire le lexique** pour se familiariser avec le vocabulaire lié à l'écoute.
3. **Faire l'exercice 1** afin d'évaluer ses propres attitudes d'écoute selon les critère de l'échelle de Porter.
4. **Lire le chapitre 2** pour mesurer la place de l'empathie dans la compétence d'écoute.
5. **Faire l'exercice 5** afin d'autodiagnostiquer sa qualité d'écoute.
6. **Lire le chapitre 3** pour s'approprier les réflexes d'une bonne écoute active.
7. **Faire l'exercice 3** afin de s'entraîner à questionner.
8. **Faire l'exercice 6** afin de s'exercer à l'écoute active en entretien.
9. **Faire l'exercice 7** afin de prendre conscience de l'importance de la préparation pour avoir une bonne écoute.
10. **Faire l'exercice 8** afin d'appliquer les techniques de reformulation.

11 **Lire le chapitre 4** pour connaître les application de l'écoute.

12 **Faire l'exercice 9** afin d'effectuer un training intensif pour pouvoir pratiquer l'écoute au quotidien.

13 **Relire le chapitre 3** pour assimiler les réflexes de l'écoute active.

14 **Faire l'exercice 10** afin de zoomer sur la pratique de la reformulation/ clarification.

15 **Faire l'exercice 2** afin de faire le point sur l'évolution de vos attitudes d'écoute.

16 **Faire l'exercice 4** afin d'évaluer votre écoute en entretien.

17 **Relire les chapitres 1, 2, 3 et 4** pour renforcer vos acquis er rester vigilant.

Table des matières

2e partie – Mettre en pratique

3e partie – Pour aller plus loin

Première partie

COMPRENDRE LES ENJEUX

Introduction

– Savez-vous que c'est fort mal d'écouter ?
– C'est pourtant ce qu'il y a de mieux pour bien entendre.

Beaumarchais, *Le Barbier de Séville*.

L'écoute est sûrement l'une des compétences les plus citées dans les qualités recherchées pour bon nombre d'emplois. Car les enjeux sont essentiels. La faculté d'écouter est la clé de la bonne compréhension mutuelle. Encore faut-il savoir faire la distinction entre « écouter » et « entendre », et savoir clarifier les rapports entre ces deux notions. Encore faut-il aussi prendre conscience des conditions à rassembler pour s'assurer de l'excellence de l'écoute.

« Et si on réapprenait à s'écouter », déclarait en 2011, dans une chronique, Philippe Bloch, en constatant que « prêter attention aux autres est une qualité rare ». [1]

Approfondir l'écoute, c'est également traquer les nombreuses causes de la non-écoute : pourquoi écoute-t-on mal ? Depuis Plutarque, on cherche à se former à l'écoute, à acquérir les bons réflexes : l'écoute apparaît en effet comme la condition nécessaire à tout apprentissage. Sur la voie moderne des formations à l'écoute, on rencontre la notion riche et prometteuse de l'empathie. Grâce à Carl Rogers, l'écoute s'est installée au cœur des relations humaines. On ne peut écouter l'autre qu'en étant capable de se centrer sur lui : exercice difficile qui demande prise de conscience, entraînement, patience, et qui confère à l'écoute empathique une dimension morale.

L'empathie vaut qu'on s'y attarde : l'empathie, bien que concept « nomade », nécessite un cadre qui sera défini. Les enseignements des professionnels

1. Chronique de Philippe Bloch, *L'Entreprise*, février 2011. Philippe Bloch est le fondateur de Colombus Café et l'auteur du best-seller *Service compris 2.0*, Ventana éditions, 2011.

de l'écoute méritent d'être connus. Leurs pratiques peuvent nous inspirer pour comprendre les différentes formes d'écoute.

L'écoute n'est pas qu'une affaire d'état d'esprit, c'est aussi une question de techniques, de réflexes à assimiler. L'écoute, pour être active, nécessite la maîtrise des pratiques de questionnement et de reformulation mais aussi de comportements de veille et de vigilance. Autant de compétences qui s'acquièrent par un entraînement approprié et l'exercice quotidien.

L'écoute trouve des applications au quotidien dans le traitement du langage, les situations de formation et d'éducation, le management et la vie familiale.

En 2012, dans un livre prometteur *Plaidoyer pour une autre entreprise*[2], Éric Delannoy et Didier Rousseau voudraient fonder l'avenir sur le rétablissement du dialogue et de l'humain dans les organisations : « Écouter c'est d'abord une posture, un état d'esprit du management et des dirigeants. » Ils assignent aux responsables un rôle essentiel : « le leader doit être un veilleur tenace du sensible? [...] il lit et écoute les signaux faibles pour les lier et se forger une vision. » Ils font de l'écoute la clé pour une prise en compte du « sensible ».

Le but de ce livre est d'éclairer la compétence d'écoute pour aider à mieux faire avec notre rapport aux autres : mieux se comprendre, partager, décider et évoluer ensemble.

2. Éric Delannoy, Didier Rousseau, *Plaidoyer pour une autre entreprise*, Scrineo, Paris, 2012

1

CHAPITRE

Prendre conscience de la faculté d'écouter

Chacun de nous a pu vivre dans ses relations, la sensation de ne pas se sentir écouté. Inversement, nous avons pu éprouver pour nous-même les bienfaits d'une réelle écoute. Il est sûrement plus fréquent d'apprécier comment les autres nous écoutent que de nous assurer que nous écoutons bien nous-même.

L'enjeu est de taille : la qualité de l'écoute est donnée comme l'un des facteurs décisifs au plan des relations humaines comme du développement personnel, de la formation, des échanges dans un groupe.

Pourtant, si l'écoute fait l'unanimité comme capacité fondamentale à communiquer, chacun est amené à se « débrouiller » comme il peut : l'écoute ne fait pas vraiment l'objet d'une éducation.

On peut se sentir très seul et renvoyé à nous-même au gré des reproches parfois sévères et accusateurs de l'entourage : « Tu n'écoutes jamais, tu n'écoutes pas ce qu'on te dit, tu n'as pas écouté… »

La nécessité d'une prise de conscience s'impose donc avant de s'attacher à mieux comprendre ce que mieux écouter veut dire et comment progresser en la matière. Et les profits ne seront pas minces, tant les enjeux de l'écoute s'avèrent importants.

1. Quels sont les enjeux de l'écoute ?

Pour Plutarque, « le commencement de bien vivre, c'est de bien écouter ». Tout un programme ! Les enjeux de l'écoute peuvent se décliner sur plusieurs registres, qu'un souci pédagogique va nous inciter à différencier, même si, dans la réalité, l'écoute forme un tout car, outre l'oreille, toutes les fonctions sensorielles ont leur part d'activité dans l'écoute, c'est tout l'être qui écoute et l'enjeu, si l'on suit Plutarque, promet d'être considérable, puisque pour le biographe et moraliste grec, auteur des célèbres *Vies parallèles*, « l'ouïe est l'organe de la sagesse ».

1.1 L'écoute : facteur clé de la bonne compréhension mutuelle

La parole suscite l'écoute et les deux facultés ne peuvent se concevoir isolément, bien que profondément différentes. Écouter, c'est chercher à comprendre ce que dit l'autre dans un contexte donné et en fonction d'un but (dès que l'on cherche à comprendre, on se fixe un but). Il y a un monde entre l'écoute du vendeur qui cherche à déceler les mobiles d'achat d'un client, l'écoute du manager qui voudrait connaître les motivations d'un collaborateur au regard d'un nouveau projet professionnel, l'écoute du psychologue dans la relation d'aide thérapeutique ou l'écoute de l'enseignant pendant un jury d'examen.

Écouter-comprendre : un processus interactif

Dans tous les cas, l'acte de communiquer est commandé par le souci de comprendre quelque chose dans ce que dit l'autre, et à chaque fois il s'agit de ne pas perdre de vue qu'il y a échange et reconnaissance réciproque.

Le couple écouter-comprendre est toujours inscrit dans l'interaction entre deux personnes : on ne peut écouter que ce que l'on est capable d'entendre de ce que dit l'autre, comme il décide de le dire à celui auquel il parle.

L'écoute-compréhension est toujours une expérience de la mise à l'épreuve des limites : je comprends ce que je veux et ce que je peux dans ce que l'autre accepte, peut et ose exprimer.

Sincérité et authenticité du dialogue

Dans l'acte de communiquer, la bonne compréhension mutuelle nécessite les conditions d'un dialogue sincère et authentique. C'est pourquoi le vendeur n'écoute pas de la même manière que le psychanalyste ou le policier qui interroge n'écoute pas de la même façon que le professeur qui questionne l'élève. Tout à tour, l'écoute se fait aidante, évaluatrice, investigatrice, complaisante. Dans bien des contextes, sincérité et authenticité ne sont que des références lointaines. L'écoute peut véhiculer le meilleur comme le pire. Pourtant, quand il s'agit de se comprendre mutuellement, il convient de se rapprocher d'une parole comme d'une écoute sincère et authentique, c'est-à-dire dénuée de tous les filtres plus ou moins intentionnels et conscients. C'est à ce prix que l'on pourra conclure en se disant : « Je crois qu'on s'est bien (ou mieux) compris. » Ce partage dans la

« profondeur » ne se fait pas tout seul. Il est à la fois reconnaissance et apaisement, satisfaction et source d'énergie pour avancer ensemble. C'est peut-être cette forme d'écoute-compréhension qui manque le plus dans les rapports professionnels comme parfois dans la vie familiale. Cela ne va jamais de soi, c'est plutôt une conquête, si ce n'est un combat.

1.2 L'écoute : facteur clé de l'apprentissage

C'est par l'écoute et l'observation que l'on apprend à tout âge et en toutes circonstances. Trois conditions nourrissent la faculté d'écouter pour apprendre :

Se rendre disponible

Elle est mise à mal aujourd'hui dans un monde qui ne compte plus les sollicitations multiples. On cherche à tout faire en même temps : être en réunion, utiliser son ordinateur, guetter la sonnerie du portable, penser au trajet de retour…

La concentration ne vient pas toute seule. La volonté de se consacrer à quelque chose relève d'une certaine décision et d'une discipline personnelle. « Faire chaque chose en son temps » est un vieux conseil à réactualiser et à mettre en pratique. Se rendre disponible, c'est lâcher prise, faire preuve d'ouverture, se sentir présent ici et maintenant (on connaît la dureté de la remarque dans la vie de couple : « Tu es avec moi ou pas ? »). Être disponible, c'est être accessible, accepter et provoquer la proximité : se déplacer, s'approcher. Les gens absents, tout en étant là, se font sermonner d'un dur « Viens voir ». Certaines situations de la vie occasionnent des reproches justifiés : « Il ne s'est même pas dérangé. » L'indisponibilité apparaît comme le degré zéro de l'écoute (« On n'arrive pas à vous joindre »). Les conduites d'évitement dans les relations humaines constituent une fuite devant l'écoute et l'opportunité d'apprendre, donc d'accepter et de s'exposer, de se livrer, d'expérimenter, de partager.

Cultiver l'attention

Être disponible ne suffit pas, encore faut-il être attentif et maintenir l'attention. C'est par l'attention qu'on mobilise l'esprit. Elle implique une tension vers un but : les organes des sens sont en éveil, pas seulement l'ouïe. L'attention volontaire demande un effort et dépend des motivations, elle produit de la concentration. Elle est dirigée : on est attentif quand on cherche quelque chose, des informations, des explications, du soutien, des conseils.

Le questionnement est le meilleur allié de l'attention : avoir des questions en tête, s'interroger, maintiennent un bon niveau de vigilance. Les questions créent une sorte de soif, d'impatience, de besoin d'entendre pour produire de la satisfaction ou de l'assurance (être content d'avoir compris).

Certains états perturbent l'attention : anxiété, surmenage, excitation. Mais l'attention volontaire peut être concurrencée par l'attention « involontaire » ou spontanée à des messages fortement « éveillants » du fait de leur nouveauté, leur imprévisibilité ou leur complexité. C'est le cas autant d'un bruit bizarre de frottement dans le moteur de sa voiture, que du refrain sonore et musical qu'a choisi ce cadre commercial pour présenter avec son logiciel les résultats de vente de l'année de tous les produits.

De ce fait, l'attention peut être détournée involontairement pour le meilleur ou pour le pire et focalisée sur un événement hors contexte (le petit enfant qui suit la mouche qui vole dans la classe).

Encourager la curiosité

Pour apprendre, assimiler, progresser, l'attitude du candide est un atout. Un peu d'intelligence naïve a le mérite de susciter une grande exigence au regard de ce qui se présente à nous. Le candide pose des questions et s'interroge. Il développe une attitude décapante capable de secouer les évidences. Rien ne va de soi, tout appelle interrogation : la curiosité peut fonctionner et « booster » l'apprentissage, à l'instar du petit enfant qui découvre le monde.

L'acte de demander est parfois réprimé : il s'agit d'oser dépasser l'impression de déranger ou de passer pour sot. Les gens curieux ont des profils d'autodidactes : ils cherchent à savoir, à connaître, à approfondir, à aller au-delà des apparences. La curiosité apparaît comme un des meilleurs stimulants de l'écoute orientée vers l'apprentissage.

1.3 L'écoute : facteur clé de la connaissance de soi

Une meilleure connaissance de soi est un progrès sensible vers la maturité et une meilleure aisance dans les relations humaines.

S'ouvrir à l'écoute de soi

Selon Carl Rogers, « pour écouter l'autre, il me faut d'abord m'écouter moi-même[1] ». C'est le premier pas vers la connaissance de soi. Chacun a pu faire l'expérience ordinaire des décalages qu'il peut y avoir entre ce qu'exprime une personne et ce qu'elle croit ressentir. Ainsi, lorsque quelqu'un se

1. Carl Rogers, *Le Développement de la personne*, Dunod, Paris, 1996.

met en colère très spontanément, il n'est pas rare que lorsqu'on le lui fait remarquer, la personne proteste à la grande surprise de l'entourage et déclare : « Je ne suis pas en colère, je ne fais qu'exprimer mes idées », comme si la véhémence et l'emportement, signes d'une forte tension intérieure, n'avaient pas été « reconnus ».

Authenticité

Lors de l'un des moments forts du face-à-face entre Nicolas Sarkozy et Ségolène Royal à la télévision en mai 2007, pendant la campagne présidentielle, la candidate s'emporta en abordant la question des handicapés à l'école. Son adversaire ne manqua pas de pointer cette montée d'agressivité en lui reprochant cet écart. Ségolène Royal fit à cette occasion preuve d'une belle authenticité en assumant sa colère : « Oui je suis en colère, il y a des colères saines… »

Se connaître soi, c'est apprendre à s'accepter. En s'acceptant, on est davantage en mesure d'écouter les autres et à notre tour de les accepter.

Expérimenter la congruence

« C'est en expérimentant les situations et en se frottant aux individus qu'il devient possible de les connaître et de se connaître soi-même dans une même dialectique. Plus je parviens à être à l'écoute de moi-même, et donc à m'accepter un tant soit peu tel que je suis, plus je peux être accepté par les autres et plus je peux aussi les écouter et les accepter », note le médecin et formateur Éric Galam [2].

La congruence

La notion de congruence se définit comme la réalisation de l'adéquation la plus parfaite possible entre notre expérience, la perception que l'on en a et notre comportement. Bref, ce que je vis, ce que j'écoute, et ce que je donne à écouter.

Se connaître soi en cultivant la congruence alimente une ambition à l'authenticité dans l'échange avec les autres. Cette ambition est difficile à tenir et elle peut toujours être mise en question. Il est en apparence parfois

2. Éric Galam, « Paroles en miroirs », in *L'Écoute, résonance des rencontres*, ouvrage collectif, Revue *Autrement*, n° 180, septembre 1998.

plus confortable de masquer ce que l'on ressent ou de travestir ce que l'on exprime (« Non, non, je ne vous en veux pas… »).

Être à l'écoute de soi permet d'aller de l'avant sur le terrain de l'authenticité et donc de relations humaines plus justes et plus vraies.

En résumé

Les enjeux de l'écoute concernent la qualité du dialogue, la bonne compréhension mutuelle, la faculté d'apprentissage, la connaissance de soi à travers des rapports humains plus authentiques.

2. Faire la différence entre entendre et écouter

La faculté d'écoute renvoie dans la vie de tous les jours à deux aptitudes, écouter, d'une part, et entendre, d'autre part. On pourrait croire qu'il s'agit de deux synonymes relativement interchangeables.

Pourtant, il y a plus qu'une différence de nuance entre le fait d'entendre et d'écouter. Autrement dit, les verbes signifient autre chose comme c'est le cas dans des expressions aussi courantes que l'injonction « tu entends ce que je te dis ? » ou le banal reproche « tu m'écoutes un peu ! ».

2.1 Entendre est plus complexe qu'il n'y paraît

Selon la formule d'Alain Cornely, entendre et écouter se conjuguent et sont les « préalables à la compréhension intellectuelle et affective [3] ». Mais entendre et écouter ne désignent pas les mêmes fonctions, malgré la forte intrication des deux processus qu'il n'est pas si aisé de distinguer.

Entendre : d'abord une fonction sensorielle

Entendre, comme la plupart des verbes correspondants dans d'autres langues européennes (*horën, hear, entender…*) désigne la captation du son par l'oreille. L'écoute ne saurait se réduire ou se confondre avec l'appareil

3. Alain Cornely, *Écouter*, Éditions Érès, Toulouse, 1983.

physiologique auditif mais elle en dépend en partie. C'est par l'oreille que l'on entend (d'où l'expression « pardon, je n'ai pas entendu, peux-tu répéter ? »). C'est pourquoi il est juste de parler d'une écoute malentendante chez les personnes atteintes de surdité physiologique. Toute déficience auditive altère la possibilité de communiquer et représente un handicap social conséquent [4].

Comprendre les mécanismes de l'audition

L'oreille capte des sons, c'est-à-dire des vibrations qui se propagent dans l'air sous forme de rapides variations de pression (ondes). La sensation de son faible ou fort correspond aux différences d'amplitude, les tonalités aiguës ou graves correspondent à la fréquence des variations.

L'audition, c'est-à-dire l'acte d'entendre au plan sensoriel, s'effectue en deux étapes qui utilisent deux niveaux fonctionnels :

- un organe périphérique, l'oreille qui capte les sons, les analyse et les transforme en influx nerveux ;
- un système central constitué de voies nerveuses et des aires auditives cérébrales qui interprètent les messages délivrés par l'oreille.

Comment fonctionne le système auditif

L'oreille comprend trois parties principales qui remplissent des fonctions d'inégale importance :

◆ **Le pavillon** (qu'on désigne couramment par l'oreille) et le conduit auditif guident les sons jusqu'au tympan qui sert de cloison à l'oreille moyenne. Comparable à un entonnoir, le pavillon est essentiel à la perception spatiale du son : il aide à localiser la source sonore mais il n'est pas indispensable à l'audition. Le tympan, lui, capte les variations de pression sonore. Cette membrane fibreuse élastique, mince mais résistante, joue un rôle à l'instar de la membrane d'un micro.

◆ **L'oreille moyenne** est une cavité qui contient une chaîne ossiculaire comprenant trois osselets (le marteau, l'enclume et l'étrier). Ce système fonctionne comme un piston et transmet les mouvements du tympan à l'oreille interne. L'oreille moyenne est en relation avec le milieu extérieur (la cavité buccale) par la trompe d'Eustache, habituellement fermée mais qui s'ouvre lors de la déglutition. Un petit muscle, le stapédius, limite les mouvements des osselets lorsque le niveau sonore s'élève, mais sa protection reste peu efficace en cas de bruit très fort.

---

4. Ce n'est pas par hasard si l'un des principaux réseaux de franchise en matière d'aides auditives a choisi pour nom d'enseigne « Entendre ».

Les mécanismes de l'audition

Pour comprendre et ressentir comment ces mécanismes fonctionnent, on peut se livrer à l'exercice suivant : expirer avec prudence l'air de vos poumons en gardant la bouche fermée et en vous pinçant le nez. Vous sentez dans vos oreilles la membrane du tympan se gonfler sous la pression de l'air. Vous vérifiez ainsi que l'air emprisonné est remonté par la trompe d'Eustache, conduit qui met en communication la caisse du tympan avec la partie postérieure du pharynx. Le tympan est alors comprimé. Preuve donc qu'en ouvrant la bouche, les ondes sonores parviennent au tympan non seulement par la face externe, mais aussi par la face interne.

◆ **L'oreille interne**, elle, est au cœur du système auditif avec ses deux organes principaux, le vestibule, essentiel à l'équilibre, et la cochlée (ou limaçon), de la taille d'un petit pois, véritable centre acoustique de l'oreille.

Qu'est-ce que la cochlée ?

La cochlée contient un liquide et est partagée longitudinalement par la membrane basilaire. Environ 20000 capteurs (cellules ciliées) se trouvent sur cette membrane et transmettent des impulsions électriques aux nerfs auditifs dès qu'elle oscille en fonction du volume sonore.

La cochlée exerce dans l'acte d'entendre une triple action :

– amplifier les variations qui lui parviennent ;

– analyser ces mêmes vibrations et les orienter en fonction de leur fréquence vers les fibres nerveuses qui lui sont connectées ;

– transformer l'énergie vibratoire en influx nerveux.

La plupart des surdités sont consécutives à une atteinte des cellules ciliées. Deux carences en résultent : le malentendant n'entend pas certains sons par manque d'amplification et il a des difficultés à comprendre la parole, faute d'analyse.

Les voies nerveuses et les aires auditives du cerveau

Ce sont les cellules ciliées qui vont transmettre une « image sonore au cerveau », via un faisceau de fibres nerveuses. C'est une zone du cerveau, le cortex auditif, qui reçoit les informations résultant du travail de la cochlée et les interprète, pour générer la sensation auditive, image perceptive du message sonore capté par l'oreille. Une activité de décodage complexe est réalisée par des relais ; des neurones interviennent avant que le thalamus fasse œuvre d'intégration des messages débouchant, par exemple, sur la préparation d'une réponse motrice (vocale ou gestuelle par exemple). Le cortex auditif sera la destinée finale des messages déjà en partie décodés : c'est lui qui va les reconnaître, voire les mémoriser.

Notons que l'audition admet des limites ; l'oreille humaine ne perçoit pas tous les sons. Elle ne perçoit pas les infrasons (fréquence la plus grave inférieure à 20 Hz) ni les ultrasons (ce qui est supérieur à 20000 Hz).

En résumé

L'oreille capte les sons. Ces derniers sont amplifiés et organisés en séquence selon leur source directionnelle et leurs caractéristiques d'intensité, de durée, de fréquence et de timbre.
L'information est convertie en impulsions nerveuses qui transmettent les éléments au cortex auditif à des fins d'interprétation et de traitement. Prioritairement, l'oreille permet d'entendre pour que le cerveau travaille et élabore le sens.

Entendre : c'est aussi la fonction « comprendre »

On ne saurait réduire le mot *entendre* à la fonction auditive, ne serait-ce que pour respecter l'étymologie (*intendere*: tendre vers) ou ses rapports avec la notion d'entendement. Même dans le sens commun, l'usage du verbe *entendre* ne se limite pas au seul travail de l'oreille pour capter des sons. Quand dans la conversation courante on dit « j'entends bien ce que vous voulez dire » ou « tu entends ce que je te demande... », il est clairement fait référence pas seulement à la faculté d'entendre mais surtout à la possibilité de comprendre.

Une exigence rationnelle

Si *entendre* concerne l'oreille, on s'aperçoit qu'on attribue aussi au mot *entendre* une forte exigence rationnelle. *Entendre* concerne donc aussi le travail de décryptage et d'interprétation dont le siège est le cortex et toutes les aires du cerveau. Car derrière l'expression « tu vois », on peut lire « tu entends ce que je veux dire », « tu sens » donc « tu me comprends » avec un espoir de « totalité » : « Tu comprends tout et complètement, quoi ! »... Y compris peut-être dans ce que « je n'ai pas dit ou pas su bien dire », ou dit « à ma façon ». Bref, on a l'impression d'être « entendu », quand l'autre semble avoir pris « tout » en compte : paroles, émotions, affects, mais aussi contexte, vécu, état personnel. En ce sens, entendre constitue un facteur clé de la qualité de l'écoute, si on admet que pour vraiment écouter, il convient d'être capable d'entendre.

Un espoir d'adhésion

Derrière l'idée d'entendre, il y a encore autre chose que le souci de bonne compréhension « totalisante » (« t'as tout compris, j'espère ! »). Il y a comme un espoir d'adhésion.

En effet, dans l'expression « tu as entendu ce que je t'ai dit », se loge souvent un espoir non exprimé, mais latent, « tu vas en tenir compte ? », ce qui suppose un agrément, un accord non dit, une adhésion.

En dehors d'une dimension rationnelle (qui ne renverrait *entendre* qu'à la notion d'entendement), on constate qu'entendre concerne une dimension relationnelle un peu inattendue… et peut-être source de malentendu : *entendre* signifierait alors prendre en compte pour agir dans le sens suggéré. C'est le cas dans des expressions ordinaires, comme « tu as entendu ce que je t'ai dit », qui veulent dire « tu vas le faire, tu vas en tenir compte ». Il s'agit donc d'être prudent dans la communication de tous les jours et si nécessaire de préciser : « j'entends ce que vous dites », c'est-à-dire « je comprends très bien » et « maintenant je vais donner mon point de vue ».

La référence à *entendre* devrait au minimum fournir une garantie de compréhension mais pas forcément d'adhésion, même si l'espoir de l'accord reste latent et non affiché, sauf quand une personne se risque à un raccourci contraignant (« tu entends bien ce que je te dis, donc tu es d'accord ! »).

En résumé

Si entendre peut conférer une certaine puissance à l'écoute, on gardera en tête quelques questions capables de nous éloigner de malentendus regrettables :

Entend-on tout ? Peut-on tout entendre ?

Entendre est-il entendu au sens de comprendre ? Prendre en compte ? Être d'accord ?

Ce qu'on entend correspond-il à ce que l'autre a voulu dire ?

2.2 La montée en puissance de l'écoute

On peut parier qu'une des compétences les plus pointées du doigt comme un des facteurs clés des relations humaines est bien l'écoute. Et c'est souvent pour en constater au minimum les vicissitudes, au pire le déficit ou les carences.

Qui ne s'est pas entendu dire au cours d'un entretien d'appréciation annuel que « globalement c'est bon, mais pas assez d'écoute » ?

On croirait retrouver les commentaires des carnets scolaires : « N'écoute pas en classe ! » Et dans la vie de tous les jours, les reproches ciblent souvent le manque d'écoute. Les élus sont accusés de ne pas être à l'écoute des électeurs… tout comme le vendeur qui a mal écouté en arrive à argumenter sans aucune chance de convaincre un client qu'il n'a pas « compris ». Résultat, le conseil fait son chemin dans bien des circonstances : il faut réapprendre à écouter (mais a-t-on jamais appris ?). À ce jeu, l'écoute est invoquée dans l'éducation, la formation, la vie sociale et politique, l'entreprise, le marketing (qui n'a pas eu les oreilles rebattues par l'expression « être à l'écoute du client », sous entendu « on n'y est pas ! »).

Bref, on a entendu tout cela, c'est venu à nos oreilles. On a entendu mais a-t-on écouté dans le sens le plus élaboré d'entendre ?

La montée en puissance de l'écoute ne peut se réduire à un discours d'exhortation. Que veut dire écouter ? Comment écouter intègre l'acte d'entendre ? Comment l'écoute peut devenir une compétence relationnelle pour tous les jours et pour tout le monde ?

Écouter : une compétence à part

Écouter viendrait du latin *auscultare*, être tout ouïe. Le sens originel met donc l'accent sur « être réceptif ». Quelqu'un qui écoute est d'abord attentif à ce qui se dit et ce qui se passe ici et maintenant. À l'école, c'est par l'exercice de la restitution qu'on juge correcte la participation d'un élève (« il a bien écouté »). Dans l'entreprise, c'est notamment à travers la qualité des comptes rendus de réunion qu'un collaborateur cultive sa bonne réputation en matière d'écoute. Écouter en ce sens apparaît comme une compétence à part : ce n'est pas de l'intelligence, de la mémoire, de la capacité d'analyse ou de synthèse, du discernement…

L'écoute : une attitude questionnante

Écouter est par-dessus tout une attitude particulièrement active parce que questionnante. Voici 2400 ans, Socrate avec sa maïeutique, l'art d'accoucher les esprits, pratiquait une écoute qui inspirera toute une école de psychothérapeutes et de cliniciens (comme Carl Rogers ou D. Winnicott). Socrate écoutait ses élèves en leur posant des questions pour les inciter eux-mêmes à s'interroger et ainsi les aider à mieux se connaître. La finalité philosophique et pédagogique de l'art socratique d'écouter servira de base à bien des pratiques modernes en matière de relation d'aide.

Laisser de la place

Mais être réceptif, attentif et questionnant n'a de sens que si on laisse à l'autre de l'espace pour s'exprimer. **Pour écouter, il convient de s'exercer au difficile apprentissage de se taire**. Il n'y a pas vraiment d'écoute s'il n'y a pas une certaine forme de silence. C'est pourquoi dans les conversations à bâtons rompus, les entretiens animés ou tendus, *a fortiori* dans les débats polémiques, on ne peut pas avoir de bonnes garanties que l'écoute soit une priorité. S'il y a une réelle intention d'écoute, il y a un effort de concentration, une capacité à prendre en compte l'autre pour le saisir dans ce qu'il dit.

Ainsi, au cours d'un entretien, on peut dire qu'il y a des hauts et des bas concernant l'écoute. À certains moments, la volonté de « laisser de la place » à l'écoute est à l'œuvre. Elle se manifeste par le fait de se taire, car se taire, c'est un point de départ essentiel pour se mettre à l'écoute. Pour la langue hongroise, ces deux réalités, se taire et écouter, se compénètrent tellement qu'il suffit d'un seul mot pour les désigner : *hallgatni* signifie tout à la fois se taire et écouter [5].

Mais s'il s'agit de « laisser de la place », il convient aussi de s'assurer d'un certain silence intérieur, ce qui est peut-être encore plus difficile et le fait d'une bonne prise de conscience et d'autre part d'une réelle accoutumance par l'exercice. Écouter requiert en effet qu'on ne se laisse pas envahir soi-même par ses propres idées, ses émotions, ses souvenirs dès que l'interlocuteur se met à parler. Car, fatalement, il y a des tas de choses neuves ou qui se répètent qui se passent en nous quand nous écoutons et qui sont le plus souvent imprévisibles et il n'est pas toujours possible de les tenir à distance.

Une écoute ajustée

Écouter ne veut pas seulement dire tâcher de comprendre intellectuellement, logiquement ce qui s'échange au cours d'un dialogue. Écouter, c'est s'efforcer de rejoindre, de partager ce que vit celui qui parle. C'est plus qu'entendre (au sens de « tendre vers »), c'est ressentir. En italien d'ailleurs, écouter se dit *sentire* [6].

Les professionnels de l'écoute dans la relation d'aide peuvent témoigner que la principale demande des gens qui souffrent ou qui vivent des situations angoissantes est, plus qu'entendus, d'être écoutés par quelqu'un qui sait les rejoindre. Il s'agit d'offrir une « écoute ajustée aux sentiments de l'autre » : s'efforcer d'entendre au plus juste celui qui est écouté pour mieux saisir le sens de ce qu'il exprime. Voilà qui constitue un exercice difficile : se centrer délibérément sur celui qui s'exprime pour saisir sa pensée et ce qu'il ressent. On y arrive en abandonnant l'envie de donner son point de vue, en s'interdisant

5. Rappelé par Alfred Vannesse, *Écouter l'autre, tant de choses à dire*, 4e édition, Chronique sociale, Lyon, 1998.
6. Voir A. Vannesse, *op. cit.*

d'approuver ou de réfuter. Il ne s'agit pas de s'enfermer dans une neutralité fabriquée, mais au contraire de « laisser vibrer en soi les sentiments éprouvés par l'autre pour être comme un écho », et ajuster ses réactions et ses réponses à ce que vient de dire autrui, comme on règle un objectif photographique pour obtenir une image nette.

Une écoute ajustée vaut par la qualité des « **reflets** » qui ont des chances d'aider l'autre à mieux donner du sens à ce qu'il exprime parfois difficilement. Confirmation donc, qu'une grande capacité d'écoute passe par de la disponibilité, de la compréhension et sûrement par une capacité de partage fort exigeante. Elle demande en effet une bonne solidité personnelle : supporter ce que l'on entend et ne pas être tenté de réagir avec partialité ou de déformer partiellement. Il s'agit de faire au mieux et de cultiver avec ténacité et optimisme l'attitude de **prendre le soin d'écouter** malgré toutes les imperfections possibles.

En résumé

On écoute à partir de ce que nous sommes (notre vécu, notre intelligence et nos sentiments) et c'est pourquoi nous sommes capables d'écouter, c'est-à-dire aller jusqu'à tendre vers l'autre et parfois le rejoindre. Mais c'est aussi à cause de tout cela que nous pouvons ne pas l'entendre car ce que nous sommes peut faire obstacle. Certaines personnes en sont conscientes et l'expriment clairement : « Il y a des choses que je ne peux pas entendre »... donc elles n'écoutent pas ou plus.

2.3 Les formes d'excellence de l'écoute

Quand la capacité à entendre, depuis une bonne qualité d'audition jusqu'à l'effort de compréhension, participe à un réel soin pour écouter jusqu'au partage, on atteint certainement les formes d'excellence de l'écoute. Pouvoir dialoguer, communiquer et se rejoindre est à ce prix. Et se rejoindre, ce n'est ni s'identifier ni se mettre d'accord, encore moins se convaincre. C'est se retrouver quelque part et s'accepter mutuellement. En ce sens, l'écoute alimente un des plus puissants ressorts humains, **le besoin de reconnaissance** [7] et donc

7. Cette conception est issue de la psychanalyse et des interprétations de l'œuvre de Hegel par Kojève ; lire en particulier *La Vie commune*, consacrée au besoin d'estime et de reconnaissance, Le Seuil, Paris, 1995.

d'estime qui, selon les réflexions du philosophe français d'origine bulgare Tzvetan Todorov, serait enraciné dans le psychisme de l'homme.

Rejoindre l'autre, c'est le reconnaître, donc le renforcer dans son identité. C'est en ce sens que l'on comprend les dégâts d'une déficience d'écoute dans les rapports sociaux, notamment lors des conflits. Ne pas être écouté, c'est en quelque sorte être nié. L'écoute prend des formes d'excellence quand elle crée les conditions du partage pour se rejoindre en respectant l'altérité, c'est-à-dire l'expression des différences. Deux conséquences en découlent et l'écoute peut alors surmonter deux obstacles majeurs :

Entendre et comprendre ce qui n'est pas dit

Parler, ce n'est jamais tout dire, volontairement ou non. Mettre en avant certaines choses dans une conversation, c'est en taire certaines autres. Ne pas dire certaines choses, dans la vie personnelle comme dans les relations de travail, peut se répéter indéfiniment. À terme, c'est comme une oppression qui peut s'installer. La chance qui peut alors s'offrir, c'est que quelqu'un accepte d'écouter, et d'abord en prenne l'initiative. Et que se manifeste alors une écoute dans sa forme d'excellence la plus développée : entendre ce qui est dit, mais aussi pousser l'écoute jusqu'à comprendre, entrevoir ce qui n'est pas dit. C'est alors le chemin pour aider l'autre à exprimer ce qu'il cache ou ce qu'il réprime, ou ce qu'il n'ose pas dire.

Écouter, c'est donc aussi comprendre et prendre en compte ce qui n'est pas dit. C'est aider à dire. Cette qualité d'écoute, si elle est bien sûr attendue et nécessaire dans les contextes de relations d'aide ou thérapeutique, mériterait d'être cultivée pour dépasser les aléas de la communication ordinaire de la vie professionnelle. Si on s'entend mal, c'est que des bouts de chose nous échappent dans ce que ne dit pas l'autre. Pour aller chercher la part obscure du discours, il convient de se montrer attentif à ce qui se passe dans l'autre quand il parle. **Une écoute qui entend est une écoute qui prend le soin d'observer**. Un peu de confusion dans le propos, une inflexion dans le ton en disent parfois très long pour avoir accès à ce qui n'est pas dit.

Pouvoir accueillir l'imprévisible

Une deuxième conséquence d'une écoute excellente est de pouvoir accueillir ce qui est imprévisible.

En effet, les conflits, les crises ou les tensions naissent souvent d'une réaction spontanée malheureuse suite à l'annonce d'un fait ou d'une évocation imprévisible. On connaît alors les processus de blocage ou les mécanismes d'escalade qui en découlent. Quand nous ne sommes pas préparés à quelque chose qui nous dérange, nous réagissons mal (au regard des effets sur l'autre et la relation). Une forte maturité d'écoute autorise à entendre l'inattendu comme quelque chose de possible qu'il s'agit ici et maintenant de prendre en compte, de faire avec, de continuer à accepter, d'interroger tout en restant à sa place et en préservant la place de l'autre.

> **Préserver la dimension humaine dans les relations de travail**
>
> Dans l'entreprise, certains managers font état de l'incursion « dérangeante » d'affaires privées dans le cadre d'entretiens parfois formalisés, comme l'entretien annuel d'appréciation. Il s'agit ni de censurer, ni de commenter, ni d'encourager ce genre d'initiatives mais de l'entendre comme un signe, un besoin d'être écouté, non sans rappeler à l'interlocuteur le contexte qu'il choisit pour parler. On peut préserver un moment d'écoute de qualité, histoire de se « rejoindre », tout en restant soi-même et dans son rôle. Il s'agira alors d'apprécier le sens de la demande d'expression, d'observer l'effet d'un début d'écoute attentive, et de décider de la suite à donner. C'est ainsi préserver, dans les relations de travail, la dimension humaine.

À l'heure où nous parlons, il y a de plus en plus de stress au travail et de cas douloureux de suicides sur ces mêmes lieux de travail. Il est urgent d'assurer qu'une certaine forme d'écoute de qualité soit exercée : elle peut remplir une fonction préventive ou, en tout cas, déclencher une observation et un suivi de personnes en difficulté.

En résumé

Si entendre, c'est d'abord s'assurer d'un bon niveau d'audition pour aller jusqu'à prêter attention, prendre en compte et surtout comprendre, écouter va jusqu'à rejoindre l'autre en lui laissant toute sa place, ce qui autorise à entendre ce qui n'est pas dit ou ce qui est imprévisible, tout en restant soi-même.

3. Les causes de la non-écoute

Pour Maurice Bellet, « écouter c'est dépasser la mésentente [8] ». Et la mésentente est pour ainsi dire une donnée première. On ne peut pas s'entendre d'emblée sans échange. Et quand on commence à échanger, on s'aperçoit que l'on a beaucoup de mal à se comprendre, à se rejoindre. Tous les malheurs de la relation et les aspérités du dialogue en témoignent (d'où les « réflexions et reproches » : « ne déforme pas mes propos… ce n'est pas ce que j'ai voulu dire… on ne s'est pas compris… vous ne tenez pas compte de ce que je dis… je voulais dire l'inverse… on n'est pas sur la même longueur

8. Maurice Bellet, *L'Écoute*, Epi-Desclée de Brouwer, Paris, 1989.

d'onde… »). On ne peut qu'espérer que la mésentente en vienne à reculer (cesser ?) pour laisser place à une meilleure compréhension mutuelle.

3.1 Pourquoi on écoute mal ?

Nous vivons des tensions et nous sommes soumis aux effets des rapports de force. Nous sommes l'objet d'envies et de désirs et nous avons à gérer des convoitises. On n'est jamais tout à fait au clair avec cela.

> **Exemple**
>
> Si on prend l'exemple d'une réunion dans l'entreprise, il faut bien prendre en compte :
> – la façon dont est ressenti le rapport hiérarchique ;
> – les affinités entre personnes ;
> – les effets de contentieux non réglés ;
> – l'ambition des uns et des autres ;
> – la volonté plus ou moins exprimée de s'opposer ou de nuire ;
> – les rivalités ;
> – le refus de l'échec ou des critiques ;
> – le niveau d'irresponsabilité ou de désimplication de certains ;
> – les attitudes d'obstruction.

L'écoute est plus ou moins polluée

Imaginer que communiquer puisse se faire sans la mise en jeu des tensions et des rapports de force, avec le seul plaisir de donner et de recevoir, relève d'une utopie. Tout un chacun n'est pas spontanément doté d'une forme d'écoute excellente à l'instar d'un professionnel (psychothérapeute, psychanalyste, praticiens de l'écoute…) dont le but est effectivement d'écouter et qui s'est battu (et fait sûrement encore des efforts) pour offrir une réelle qualité d'écoute.

Nous évoquons ici l'écoute dans le mouvement ordinaire et quotidien des rapports humains. C'est-à-dire quand l'écoute est un moyen, pas une fin, pour tenter de faire quelque chose ensemble. On s'aperçoit que l'écoute est plus ou moins polluée, et de façon « obligée », parce qu'elle est associée à des intentions souvent non déclarées : provoquer, séduire, agresser, juger, affaiblir, asservir, et parfois tout simplement influencer, persuader, rallier, récompenser, flatter.

L'écoute de l'autre est ainsi polluée parce qu'elle est orientée et donc intéressée.

Peut-il en être autrement ? Plus exactement, ne fait-on pas un mauvais procès à l'écoute ? Ce n'est pas que l'on écoute peu ou mal, c'est plutôt que l'on écoute « diaboliquement » pour servir nos fins.

Une écoute biaisée

On a pu constater que des vendeurs qui ont « exercé » si ce n'est « formaté » leur écoute dans le sens de capter des signaux faibles et de rechercher des appuis dans la logique du client pour mieux le convaincre ont des rapports difficiles dans la vie de tous les jours : leur écoute est biaisée parce que toujours au service d'obtenir une décision favorable. Difficile à vivre au quotidien pour l'entourage !

Cultiver l'intention d'écouter pour écouter

Si l'écoute est polluée, c'est que l'intention d'écouter est détournée. La principale cause de la non-écoute, c'est l'usage de l'écoute à d'autres fins que d'écouter.

Ainsi, pendant que le praticien de l'écoute s'acharnera à créer les meilleures conditions de l'écoute dans le cadre d'une relation d'aide (et tous témoignent du long parcours difficile pour s'assurer en tant qu'« écoutant » d'une réelle qualité d'écoute), chacun dans sa vie de tous les jours voit son écoute mise en cause alors qu'elle est souvent habilement mise au service d'autres objectifs que d'écouter.

Prioritairement, il convient donc de revenir à nos intentions (notre « disque dur ») pour espérer reconfigurer notre écoute en tant que faculté et la remettre en phase avec l'objectif d'écouter. Procéder ainsi, c'est reconnaître que dans notre rapport aux autres, nous avons besoin de préserver et de respecter des moments d'écoute. C'est en soi un but et en même temps un soin à accorder. L'exercice vaut d'être tenté. Il aura à coup sûr le mérite de nous confronter à nous-même, car l'écoute vraie des autres passe par une attention à soi : qu'est-ce que je peux entendre ? Jusqu'où ? Comment ? Qu'est-ce que je refuse d'entendre ? Qu'est-ce qui me gêne ? On s'apercevra alors que la vraie écoute (rejoindre l'autre) peut entraîner certaines formes de souffrance.

L'objectif d'écouter

Pensons au chef de service qui doit présenter une réorganisation imposée par la direction générale à un collaborateur alors que celui-ci vient lui faire part de sa satisfaction d'avoir pris des initiatives couronnées de succès. C'est ainsi que naissent des foyers d'incompréhension : s'agit-il d'un problème de mauvaise écoute ? On pourrait le croire en apparence, surtout si le chef de service fait en sorte de ne pas entendre certaines objections, dérape dans les procès d'intention et si le collaborateur ne voit que de la malveillance ou de l'autoritarisme chez son supérieur. Malentendu garanti : la mauvaise écoute a le dos large. C'est un parfait et fréquent exemple de pollution de l'écoute au quotidien.

Si le chef de service dépasse les effets de son intention d'imposer sa nouvelle organisation malgré les résistances de son collaborateur, il saura laisser s'installer un moment d'écoute délibérée et vraie au risque de ressentir directement lui-même les vibrations de dépit et de frustration de son collègue. Il souffrira mais n'en sera que plus humain. On peut penser qu'il préservera ainsi la relation avec son collaborateur, car il aura su le rejoindre en se donnant l'objectif de l'écouter vraiment, même s'il ne peut pas aller dans son sens.

3.2 La grille de Porter : un outil pour apprendre à maîtriser nos réflexes d'écoute

L'objectif d'écouter au sens de comprendre et de rejoindre est fortement concurrencé par d'autres intentions plus ou moins conscientes, mais elles sont en tout cas à l'œuvre. Il suffit d'observer les réponses produites en réaction aux paroles de l'autre dans les rapports quotidiens.

On doit à Elias H. Porter [9] une grille de repérage des attitudes au cours des dialogues. Cette grille traduite et enrichie par des spécialistes français comme R. Mucchielli [10], A. de Peretti [11] et Max Pagès [12] prend en compte deux groupes de phénomènes qui affectent une réponse et en ce sens conditionnent l'écoute :

◆ **Nos dispositions internes à l'égard d'autrui**. Elles sont en rapport avec notre degré de dépendance aux autres, l'état de nos conflits internes et nos mécanismes de défense.

◆ **Nos dispositions à l'égard de nous-même**. Elles concernent le niveau de conscience de notre responsabilité, le rapport que nous entretenons avec nous-même (estime, angoisse, etc.).

Dès que nous dialoguons, ces dispositions sont affectées positivement ou négativement par les comportements d'autrui. D'où des réponses et des attitudes en « réaction ». Le mérite de E. H. Porter est d'en avoir formulé le sens en cinq grands registres pour mieux faire apparaître une sixième attitude qui privilégie la compréhension et crée les conditions d'une réelle écoute.

Les cinq premières attitudes

L'examen des types de réponses proposées par Porter permet d'établir une grille de lecture des comportements humains en rapport avec l'activation de notre rapport aux autres et à nous-même, décrit ci-dessous :

◆ **Solution-action** ; l'écoutant réagit en formulant un ordre, des conseils, parfois des menaces ; il impose d'emblée son raisonnement et ses valeurs (« Faites ceci… Allez-y… ; à votre place j'accepterai de… ; si vous ne vous décidez pas, vous aurez… »). Les gens qui ont la réponse « rapide », comme

9. E. H. Porter, *Introduction to Therapeutic Counseling*, Boston, Houghton, Mifflen, 1950.
10. R. Mucchielli, *L'Entretien de face à face dans la relation d'aide*, 19e édition, ESF Éditeur, Paris, 2005.
11. A. de Peretti, *Liberté et Relations humaines*, EPI, Paris, 1968.
12. M. Pagès, *L'Orientation non directive*, Dunod, Paris, 1965.

toute prête, en voulant tout de suite solutionner ne réagissent qu'en référence à eux-mêmes (« moi, je... ») et confirment par là une grande incapacité à ne pas vouloir (ou pouvoir si ce n'est savoir) écouter au sens d'entendre. Ils fonctionnent comme en circuit fermé, comme s'ils se parlaient à eux-mêmes en croyant répondre à un autre.

◆ **Évaluation** ; ce type d'attitude se traduit par des jugements sur autrui. L'évaluation consiste à exprimer une opinion par rapport au mérite, à l'utilité ou à l'exactitude de ce que vient de dire l'autre. Fréquente dans bien des conversations ordinaires, où justement l'écoute ne semble pas être une priorité, l'attitude évaluatrice est le fait de quelqu'un qui se place en censeur moral du comportement d'autrui, de son action et de ses décisions. Au lieu de créer un espace d'écoute, les acteurs versent dans un registre polémique car l'évaluation risque fort d'entraîner des réactions de justification. Avant de discuter, mieux vaut chercher à comprendre, se comprendre, ne serait-ce que pour, plus tard, mieux expliquer son désaccord à l'autre.

◆ **Interprétation** ; elle consiste à en dire plus que l'autre, en visant implicitement à instruire celui qui vient de dire, au sujet de lui-même (« Vous n'y êtes pas allé parce que vous avez eu peur de déranger ? »). Procéder ainsi, c'est indiquer à l'autre comment il pourrait ou devrait se représenter une situation. Bien sûr, on peut tomber juste en constatant que l'autre acquiesce spontanément. Mais quelle garantie a-t-on qu'il aurait produit lui-même cette opinion ?

En « raccourci », on peut dire que cela revient à « penser pour l'autre » à partir de nos propres déductions (« Il ne s'est pas impliqué dans ce projet, c'est qu'il est démotivé... »). On peut ainsi passer à côté de la réalité, sa réalité (« Il est simplement frustré de n'avoir pas été nommé chef de projet »). C'est la tendance à projeter sur l'autre ce que l'on croit, qui biaise ici l'écoute.

◆ **Soutien** ; les réponses de soutien correspondent à l'expression d'une attitude rassurante. En voulant aider d'emblée par des paroles de réconfort, ce type de réaction tend à signifier que ce que l'on a entendu n'est pas aussi sérieux que cela (voir les « ravages » de l'expression « ce n'est pas grave » en réponse à certains témoignages de peine, de mécontentement ou d'inquiétude).

Procéder ainsi, c'est étouffer chez l'autre ce que l'on ne supporterait peut-être pas d'entendre très longtemps. En cherchant à atténuer, minimiser, on répond d'abord à l'expérience de nos propres limites à entendre, partager et « rejoindre » l'autre dans son trouble, sa difficulté ou sa souffrance.

Le côté bienveillant de l'écoute de soutien peut mettre en confiance, ce qui est positif, mais en même temps dangereux car l'effet consolation peut leurrer l'autre qui, de ce fait, se met dans la dépendance de « quelqu'un qui protège ». Résultat : les enjeux d'une situation peuvent échapper à l'interlocuteur. L'attitude de soutien ne facilite pas le sens de la responsabilisation chez l'autre (puisqu'on lui répète que tout cela n'est pas si grave...). Elle n'encourage pas non plus à l'effort d'élucidation.

◆ **Investigation** ; l'attitude questionnante est complexe. D'une part, cette réaction prouve un intérêt manifesté pour l'autre, une volonté d'en savoir plus et donc une forte mise à contribution (plus ou moins forcée) de l'interlocuteur. Chercher des comportements d'information est un signe d'attention et d'exigence au regard de la volonté de mieux comprendre et peut-être d'aider l'autre à y voir plus clair. Cependant, le questionnement n'est pas neutre. Il obéit à des figures imposées (voir l'effet plus ou moins harcelant du « pourquoi ? »), ou tout simplement il illustre, puisqu'il en est le produit, les critères sélectifs de celui qui interroge. De ce fait, il oriente une manière personnelle de « voir » le problème et de conduire éventuellement vers certaines conclusions (hors de portée ou à contresens des attentes de l'autre). D'où quelques précautions à prendre dans le dialogue quand on choisit l'attitude d'investigation : « Souhaitez-vous aller plus loin là-dessus ? Souhaitez-vous parler de cela ? Voulez-vous préciser vos propos ? »

Alors que questionner est plutôt un signe d'écoute active favorable pour la qualité du dialogue, certaines formes de questionnement peuvent donner à l'attitude d'investigation une orientation oppressive, si ce n'est agressive. On en veut pour preuve la brutalité possible de certaines réactions ordinaires comme : « Pourquoi tu mens ? Pourquoi tu pleures ? Pourquoi vous ne faites plus confiance à votre collègue ? Pourquoi vous ne lui parlez plus ? »

Les effets des cinq premières attitudes sur l'interlocuteur

Ainsi ces cinq premières attitudes suggérées par E. H. Porter auront des effets sur l'interlocuteur à travers la pression qu'elles exercent :

◆ **Les attitudes de solution-action, évaluation, interprétation, investigation risquent d'accroître les phénomènes de dépendance, les conflits internes et de renforcer les défenses** ; à l'inverse, elles entraîneront un recul du sentiment de responsabilité, tout en abaissant le niveau d'inquiétude ou d'angoisse. Ce dernier point n'est malgré tout pas forcément positif car si on affirme à quelqu'un « c'est parce que vous étiez mal préparé que vous avez échoué... ou parce que vous n'avez pas eu de chance », l'autre peut croire dans l'explication et s'en trouver apaisé. Cependant, il expérimentera durement ses limites, une prochaine fois, car il n'aura pas été incité lui-même à faire son propre examen et à prendre la mesure de sa responsabilité (la vraie part qui lui revient). On l'aura desservi en lui fournissant une « explication clés en mains ».

◆ **L'attitude de soutien bien qu'agissant globalement comme les précédentes peut être ressentie comme une attitude de distance**. C'est facile de réconforter mais cela peut troubler et renforcer l'idée pour l'autre de rester incompris et livré à lui-même. En ce sens, l'attitude de soutien peut contribuer à augmenter l'angoisse.

En résumé

Globalement, ces réactions se caractérisent par une écoute très biaisée. Quand on ne prend pas le soin d'écouter pour entendre, comprendre, prendre en compte et « rejoindre » l'autre, on prend le risque d'effets dommageables sur la communication : incompréhension, malentendu, conflit, expectative.

L'essentiel de la grille de Porter permet de façon précise de noter nos réflexes, nos tendances et de mieux comprendre pourquoi certains de nos dialogues prennent le tour qu'ils prennent. La clé est de se poser la question : « Comment j'ai réagi quand l'autre m'a dit cela ? »

Une sixième attitude : la compréhension

Cette sixième attitude complète la grille de Porter. En la présentant à part, nous voulons montrer en quoi l'attitude de compréhension est celle qui offre les meilleures garanties d'une certaine qualité d'écoute. Elle procède comme le reflet de l'expression d'autrui.

Qu'est-ce que l'écoute-compréhension ?

L'écoute-compréhension consiste à renvoyer en écho ou en miroir le contenu des propos de l'autre et au-delà d'être vigilant à tout ce qu'il peut manifester (intonations, gestes, mimiques) sans les interpréter, mais en en tenant compte. Si cela fonctionne, on constate l'effet d'invitation à parler, et une expression qui se libère progressivement du poids de la dépendance et des mécanismes de défense. Plus de liberté s'exprime et plus de profondeur se manifeste.

La non-directivité de l'écoutant et la moindre pression peuvent cependant renvoyer l'autre à l'expérience plus dure de l'exercice de sa responsabilité et réveiller un peu d'angoisse. Mais la vérité de l'échange est à ce prix si on veut grandir ou si quelqu'un nous aide à grandir. On aura reconnu dans l'attitude de compréhension une bonne part du métier de l'écoutant habitué à la relation d'aide. C'est demander beaucoup à chacun d'en faire l'expérience et de s'en approcher en vue de transpositions dans la vie courante. On se gardera bien d'une voie erronée : quand on discute avec son voisin, son patron, son collègue, sa femme ou sa fille ou son fils, on n'est pas leur thérapeute. Cependant, on parle toujours à une personne, et en ce sens il conviendrait de prendre le soin de l'écoute. Car l'écoute est toujours utile, quel que soit le contexte (trouver un accord, résoudre un problème, prendre une décision, partager un bon moment, faire un bout de chemin, travailler ensemble…).

L'écoute met sur le chemin de l'autre, elle est un signe d'estime, de reconnaissance et prouve qu'on sent qu'il y a quelque chose à voir, à partager ensemble. Sinon, on s'ignore ou on se combat. Il y a du mérite à écouter parce qu'il y a du risque, que cela demande des efforts et que la réussite n'est pas garantie. C'est pourquoi aussi les techniques issues des travaux des personnalités qui ont eu à cœur de réfléchir à travers leurs pratiques de thérapeute constituent toujours une référence pour ceux qui ont le souci d'améliorer modestement leur faculté d'écoute.

Ainsi la figure de Carl Rogers, proche de E. H. Porter, revient quand il s'agit de traduire concrètement l'attitude dite de compréhension comme clé d'accès à une meilleure écoute : **pour Rogers, la réponse-reflet qui consiste à résumer, à paraphraser ou à accentuer la communication soit manifeste, soit implicite de l'autre, apparaît comme une des techniques particulièrement appropriées pour assurer une réelle attitude d'écoute orientée sur l'effort de compréhension**.

Les attitudes de Porter

- Décision/action
- Interprétation
- Évaluation
- Investigation
- Soutien
- Compréhension

Mais cette conception et cette technique d'inspiration très non directive[13] ne définissent pas à elles seules toutes les facettes de l'écoute. La technique de la réponse-reflet a le mérite de montrer qu'il n'y a pas d'écoute possible sans le soin de se centrer sur l'autre. Ce qui n'a de sens que si on a réussi à élucider son propre fonctionnement.

4. Se former et former à l'écoute : sur les chemins de Plutarque

Se former ou former à l'écoute a pour objectif de contribuer à rendre la compréhension plus réelle entre les personnes. Deux pistes sont indissociables pour pouvoir prétendre à quelques améliorations :

– **travailler à l'appropriation d'attitudes profondes**, ce qui revient à travailler sur soi (domaine du savoir-être, au sens classique de la formation). Bien écouter, c'est avoir fait l'expérience de nos limites personnelles et de ce qui nous « occupe » (désirs, craintes...) ;
– **s'exercer à des techniques et des outils**, ce qui revient à cultiver des réflexes et des comportements qui favorisent l'écoute. De nombreux exercices donnent une dimension active aux formations consacrées au perfectionnement à la communication qui réservent une part plus ou moins grande au perfectionnement de l'écoute.

Le souci d'améliorer l'écoute n'a pas échappé à des penseurs importants, hors du champ de la psychologie. On en veut pour preuve le brillant traité de Plutarque intitulé *Comment écouter*.

4.1 L'écoute condition nécessaire de tout apprentissage

Comment écouter est l'un des 230 traités rédigés par Plutarque et consacrés à divers sujets qui ont gardé toute leur importance : *De la curiosité*, *De la tranquillité de l'âme*, *Des vertus morales*...

> **À propos de Plutarque**
>
> Plutarque, né et mort en Béotie (40-120 après J.-C.), s'était illustré avant tout comme un grand biographe et moraliste de la Grèce antique. Citoyen grec puis de Rome, il exerça aussi la fonction de prêtre d'Apollon à Delphes. Plutarque passe pour un des grands inspirateurs de la pensée et des œuvres de Shakespeare, Montaigne, Érasme, Jean-Jacques Rousseau et bien d'autres essayistes. « Les hommes n'aiment point à vous admirer, ils veulent plaire ; ils cherchent moins à être instruits, et même réjouis, qu'à

13. Carl Rogers passe pour être le principal théoricien de l'approche non directive en psychologie.

être goûtés et applaudis », ce jugement de La Bruyère dans *Les Caractères* semble tout droit sorti du *Comment écouter* de Plutarque. Car en effet, rappelle Pierre Maréchaux [14], « si apprendre à parler est la première des démarches, en supposant que l'étude des mots infère sur celle des pensées, apprendre à entendre doit être la seconde préoccupation de l'apprenti philosophe et très certainement une des questions centrales de l'éducation ». Et Plutarque d'observer qu'en écoutant, on apprend plus à penser qu'à parler, et de regretter qu'on accorde trop d'importance à la rhétorique, en négligeant la « culture de l'oreille » et la « nécessité formatrice du silence ».

Améliorer l'idée que l'on se fait de l'écoute

En affirmant que « l'ouïe est l'organe de la sagesse », Plutarque voulait avertir que « la parole est ce qu'il y a de plus dangereux à la fois et de plus utile ».

Et les enseignements de Plutarque nous paraissent d'une authentique universalité et de grande actualité pour travailler à se forger une représentation personnelle exigeante de l'écoute :

– l'exercice de l'écoute mérite autant de soin que l'entraînement de la parole ;
– bien entendre et bien écouter doivent être le premier réflexe si on veut avoir des chances de bien répondre (qu'on pourrait traduire par toujours chercher à comprendre d'abord pour mieux expliquer et convaincre ensuite) ;
– écouter plus et parler moins ;
– ne pas parler quand l'autre parle ;
– nos troubles intérieurs détériorent la qualité de notre écoute (l'envie, la jalousie, etc.) ;
– notre amour-propre doit marquer une trêve pour que notre écoute soit « propice et bienveillante » ;
– apprendre à profiter autant des bons et des mauvais discours (il y a toujours quelque chose à entendre, pourrions-nous ajouter) ;
– appliquer à nos propres interventions le même examen (parfois sévère) que nous réservons à celles des autres. Ne pas hésiter quand nous voyons les autres mal faire à nous répéter les mots de Platon : « Est-ce que par hasard je ne leur ressemble pas ? » ;
– examiner l'autre (l'orateur) pour apprécier ce qu'il dit. Le corps « parle » aussi, laisse entendre Plutarque, notion qui sera largement reprise par la psychologie contemporaine qui a développé l'importance du langage non verbal, capable de fournir des indices concernant autant le sens du discours que le « ressenti » de celui qui parle ;

14. Pierre Maréchaux, postface de *Comment écouter* de Plutarque, Rivages poche/Petite Bibliothèque, Payot, Paris, 1995.

– se comporter comme les abeilles qui savent butiner, c'est-à-dire prendre ce qui est utile et concentrer l'écoute sur l'essentiel, sur ce dont on pourra tirer profit (Plutarque inaugure ici l'émergence d'une certaine efficacité de la communication à travers l'exercice d'une écoute sélective et ciblée qui saurait faire la part des choses) ;
– interroger les autres prioritairement sur ce qu'ils savent ;
– faire preuve de modération quand on félicite ou quand on blâme ;
– ménager une certaine concordance entre celui qui parle et ceux qui écoutent (s'en tenir à remplir des obligations respectives, par exemple éviter les critiques à sens unique) [15].

Trouver le juste milieu

Au total, Plutarque encourage à un **juste milieu** en matière d'écoute. Pour les réunions et les entretiens de la vie de tous les jours, ces principes ne peuvent qu'être profitables. Ils donnent à l'écoute une dimension humaine avec ses dérives et ses tentations qu'il convient de combattre. Encore faut-il en être conscient et le vouloir. Plutarque n'est pas très loin de faire du défaut d'écoute une affaire de surestimation ou de sous-estimation de soi. Preuve que pour bien écouter, il est nécessaire de faire son propre examen si on veut progresser : c'est l'ego de celui qui écoute qui donne la mesure à l'écoute. Plutarque accorde une dimension morale à l'écoute (les envieux, les mesquins, les vaniteux peuvent-ils vraiment écouter et entendre ?) mais, pour autant, il n'est pas dupe sur les limites de l'écoute : « Écouter c'est extrapoler… c'est retenir des bribes de sens ».

4.2 L'apprentissage moderne de l'écoute

C'est l'écoute centrée sur les autres qui sert de fil directeur aujourd'hui à la majeure partie des formations modernes à l'écoute. Même si l'écoute est multiforme et les contextes d'entretien ou de réunions sont fort différents, il semble que la relation d'aide, pratique dans laquelle s'est forgé le concept d'écoute compréhensive ou empathique, d'inspiration rogersienne, serve de référence toujours plus ou moins implicite quand il s'agit de formation à l'écoute.

> **Chez les commerciaux**
>
> Certaines méthodes de vente américaines n'ont pas hésité à prendre pour modèle l'attitude d'empathie pour la conseiller aux vendeurs chargés non plus de convaincre le client par des arguments mais de « l'accoucher » par un travail de questionnement approprié, d'une décision d'achat favorable

15. Principes adaptés du traité de Plutarque.

> (Larry Wilson). Il en reste une forte empreinte dans toutes les formations commerciales qui appellent à un développement de l'écoute active « centrée sur le client », à l'instar du thérapeute « centré sur la personne ».

Suivre la voie de l'empathie

C'est la plus empruntée par les formations. **Selon la définition de G. M. Kinget, elle consiste en la « capacité de vraiment se mettre à la place de l'autre, de voir le monde comme le client le voit** », ce qui fait appel à une sensibilité que nous qualifierons d'alterocentrique.

Faire preuve d'empathie participe d'une attitude de compréhension et nous éloigne des cinq autres attitudes de non-écoute définies par la grille de Porter. Les formations offrent des situations d'entraînement facilitant la mise en place de cette attitude. Cette notion sera développée dans le chapitre suivant.

Les techniques de reformulation et d'écoute active

L'écoute n'est pas qu'entendre pour comprendre. Elle est active dans la mesure où celui qui écoute participe au dialogue par le jeu d'interventions que l'on peut regrouper en trois familles :

- les techniques de questionnement ;
- les techniques de reformulation ;
- les expressions non verbales (gestes, mimiques, postures…).

Certains outils issus de la PNL [16] sont venus compléter ce dispositif qui constitue le volet instrumental de la facilité d'écouter. Il convient de ne pas en exagérer l'importance. On peut offrir une bonne qualité d'écoute sans être un expert en outillage de la communication empathique, mais on ne saurait nier que la maîtrise bien assimilée de ces techniques peut conférer une certaine aisance dans le cadre des entretiens courants. Comme nous l'avons dit, nous pensons que l'idée que l'on se fait de l'écoute, le sens que l'on donne à sa relation aux autres et le rapport que l'on a avec soi-même sont les lignes de force d'une forme d'excellence en matière d'écoute. Ce sera particulièrement sensible quand la situation est difficile (méfiance, refus, crainte, agressivité, manipulation…). Ce sera l'objet des prochains chapitres d'approfondir les différentes pistes de progression de l'écoute et de la capacité à entendre, notamment dans le chapitre 3.

16. Programmation neurolinguistique.

2

CHAPITRE

Rechercher l'écoute empathique

Pratiquons-nous l'empathie comme Monsieur Jourdain faisait de la prose, c'est-à-dire de façon incertaine ? D'emblée, il est admis assez grossièrement que l'empathie serait une disposition psychique à se mettre à la place d'autrui. C'est en ce sens que la notion s'est largement propagée et plus particulièrement dans le cadre des formations à la communication.

Dès 1974, Roger Mucchielli notait pourtant que ce « mot bien étrange » était « d'un flou inquiétant [1] ». Sous l'influence de Carl Rogers, une acceptation de la notion d'empathie, essence même de l'attitude non directive, allait s'imposer et être reprise par bon nombre de spécialistes, à chaque fois qu'il allait s'agir de définir une écoute de bonne qualité.

Néanmoins, comme on tentera de le montrer, l'effort de C. Rogers ne réglait pas tous les problèmes, même s'il cherche à clarifier la partie la plus ambiguë de la définition courante et du coup simpliste, voire dangereuse : « se mettre à la place de l'autre ».

En ouverture d'un très intéressant dossier consacré à l'empathie par *Le Journal des Psychologues* en avril 2011, Henri-Pierre Bass, psychanalyste, choisissait d'interroger l'empathie sous différents angles : « De l'émotion à l'attribution, quel rapport entre altruisme et empathie? Quel lien avec le sens moral? Serait-il préférable de parler de sensibilité interpersonnelle? Peut-on négliger les liens de l'empathie avec le langage, la mémoire, la conscience, les capacités métacognitives [2]? »

Des travaux plus récents ont renouvelé la notion d'empathie et une certaine remise en cause permet de mieux définir cette forme d'écoute. **Nous**

1. R. Mucchielli, *L'Observation pyschologique et psychosociologique*, 5e édition, ESF éditeur, Paris, 1996.
2. Dossier : « L'empathie », *Le Journal des Psychologues*, n° 286, avril 2011.

nous contenterons dans ce chapitre de chercher à comprendre, d'une part, les vicissitudes de la notion d'empathie et, d'autre part, de cerner ce qu'il faut en tirer comme enseignements pour donner à l'écoute dans le cadre de la communication ordinaire (conversation, réunion, entretiens professionnels) une dimension améliorée de l'empathie.

L'hypothèse d'un bénéfice pour les relations humaines restant posée, l'effort de clarification et de redéfinition de l'empathie nous paraît ainsi pleinement se justifier. Aller vers une écoute plus empathique amène avec profit à se poser la triple question essentielle :

- pourquoi écoute-t-on ?
- qu'est-ce qu'on cherche à comprendre de l'autre ?
- qu'est-ce qu'on y gagne ?

Dans son *Histoire de l'empathie*, publiée en 2012, Jacques Hochmann [3], désigne l'empathie comme un « concept carrefour » auquel on peut accéder par de multiples chemins qui parcourraient la « connaissance d'autrui » et le « souci du prochain ».

Aller dans cette voie nous amènera aussi à clarifier ce que n'est pas l'empathie, mais aussi quels sont les pièges qu'elle peut tendre.

1. L'empathie : un concept ancien et nomade

Ancien, parce que l'idée vague d'empathie a émergé avant que le mot lui-même ne soit utilisé, et nomade parce que le concept d'empathie a migré dans plusieurs domaines : l'économie, la philosophie, la psychologie, l'esthétique…

1.1 Une idée en rapport avec le siècle des Lumières

Jeremy Rifkin [4], dans un élan d'optimisme, considérant que le monde actuel, avec ses contradictions, ses injustices et des déséquilibres, est dans un « cul de sac », imagine que l'empathie va fonder une prochaine civilisation nouvelle parce que le moteur principal de l'humanité, même s'il a eu des ratés est la conscience altruiste.

3. Jacques Hochmann, *Histoire de l'empathie*, Éditions Odile Jacob, Paris, 2012.
4. Jeremy Rifkin, *Une nouvelle conscience pour un monde en crise. Vers une civilisation de l'empathie*, Éditions Les liens Qui Libèrent, 2011.

Mais c'est dès l'exploration moderne au siècle des Lumières (XVIIIe siècle) des sentiments moraux qu'est introduite une notion annonciatrice du concept d'empathie. Deux penseurs y ont fortement contribué.

Adam Smith : ce qui rend toute société possible

Pour Adam Smith, professeur de philosophie morale à Glasgow (1723-1790), une société est d'autant plus viable que chacun s'y soucie plus des autres et moins de lui-même, où non seulement chacun aime son prochain autant que lui-même, et où réciproquement chacun ne s'aime qu'autant qu'il aime son prochain.

À force de se mettre sous le regard des autres et de se mettre à leur place, le sujet va finir par se faire une idée d'un spectateur impartial qu'il va intérioriser. Gérard Jorland note qu'ainsi « the man within [5] » (« l'homme intérieur ») d'Adam Smith était né avec ce qui allait constituer sa conscience. Chaque sujet pourra ainsi se juger à l'aune de sa propre conscience tout en s'exposant au regard des autres.

Emmanuel Kant : le pouvoir de se mettre à la place des autres

Le philosophe allemand (1724-1804), pilier de la philosophie occidentale et auteur célèbre de la *Critique de la raison pure*, s'est saisi du concept d'Adam Smith (la capacité de prendre en compte les autres, d'imaginer ce qu'ils ressentent…) et l'a traduit en plusieurs maximes dont deux nous intéressent par rapport à l'empathie :

- pouvoir penser par soi-même ;
- se mettre à la place des autres.

Ainsi, pour Kant, l'accès à l'universel se fait par la « porte » de l'empathie (élargir les limites de sa réflexion en intégrant le point de vue des autres).

Né au cœur d'une réflexion morale et économique, le concept de prise en compte d'autrui dans un processus de réciprocité pour A. Smith (sympathie, bienveillance, altruisme, tolérance…) répondait, comme chez Kant, au souci de **maîtrise des passions** dans un monde de compétition et de tensions.

Trois siècles plus tard, cette émergence originelle du concept d'empathie en rapport avec la morale restait vivace. On en veut pour preuve le commentaire de Boris Cyrulnik sur la fonction de l'empathie dans la société du XXIe siècle : « En tant qu'homme, j'appartiens à la seule espèce vivante capable de me figurer les représentations de l'autre. Je suis alors contraint, à partir à la découverte du monde mental de l'autre, de ses théories, de ses représentations et de ses émotions. Je suis donc forcé à ne pas vivre dans un seul monde –

5. On peut y voir un antécédent du concept freudien de surmoi.

sinon je me transforme en dictateur – et si par malheur le pouvoir politique m'est accordé, je peux imposer ma vision du monde qui va détruire la société au nom d'une vision cohérente qui est la mienne. Ce qui signifie au fond que l'empathie propose peut-être la seule justification morale à être ensemble. Cette morale, fondée sur le plaisir, le désir de découvrir des théories et les représentations des valeurs de l'autre, s'oppose aux morales perverses [6]. »

1.2 L'émergence du mot empathie

Si l'étymologie du mot empathie nous dit déjà quelque chose (du grec ancien *empatheia*, « dans, à l'intérieur » et « souffrance, ce qu'on éprouve »), c'est chez Théodore Lipps (1851-1914), un professeur de psychologie allemande, que l'on trouve la trace du mot en allemand, *einfühlung*, dans ses ouvrages de psychologie et d'esthétique [7].

Lipps : « Se sentir dans la chose »

C'est d'abord dans le cadre de l'appréciation de l'œuvre d'art que Th. Lipps met à jour, par opposition au courant intellectualiste, que c'est à travers un processus affectif que nous comprenons un objet d'art et, par extension, la conduite d'autrui. Th. Lipps parle de l'attitude personnelle particulière (l'*einfühlung*) par laquelle le sujet se sent à l'intérieur de son objet, le sent vivre et palpiter de sa vie propre, dans un accord et même en communion qui fait disparaître toute distance.

L'empathie au sens de Th. Lipps renvoie à un processus particulier d'identification ; il postule un certain « instinct d'imitation ». L'empathie vue par Th. Lipps est donc la capacité que nous avons d'éprouver les sentiments de l'autre dès lors qu'il leur prête son visage (mimiques, postures, gestes que nous reconnaissons puisque nous en avons pour nous une perception interne).

Dès lors, on perçoit les limites de cette première conception de l'empathie : l'empathie se réduirait-elle à la stricte **représentation** des émotions de l'autre ?

Si quelqu'un est triste, l'empathie me permet-elle uniquement de le percevoir ou de ressentir moi-même de la tristesse ? On verra plus tard qu'une partie de la richesse de l'empathie amène à avoir une conscience des intentions de l'autre et pas seulement un relevé, si juste soit-il, de ses émotions.

6. Boris Cyrulnik, Edgar Morin, *Dialogue sur la nature humaine*, Éditions de l'Aube, Poche essai, 2004.
7. Il est aussi intéressant de rappeler que c'est Th. Lipps qui affirma le premier que « l'inconscient est le problème de la psychologie ». Th. Lipps comparait la conscience aux cimes d'une chaîne de montagnes, cimes émergeant des nuages, tout le reste des montagnes étant l'inconscient.

Husserl : l'empathie comme une expérience de l'intersubjectivité

On doit à E. Husserl (1859-1959), fondateur de la phénoménologie et grand inspirateur des philosophes (J.-P. Sartre, M. Merleau-Ponty et M. Heidegger), d'avoir élaboré la notion d'empathie comme faculté d'inclure dans son propre environnement celui d'autrui, ce qui a pour effet d'élargir le champ d'expérience.

Procéder ainsi, c'était reprendre les conceptions de Th. Lipps, voire d'E. Kant. Mais E. Husserl formula autrement le processus empathique : le champ d'expérience élargi n'est plus seulement subjectif, mais intersubjectif puisqu'une partie au moins en est constituée à la fois par notre subjectivité et par celle d'autrui. Avec E. Husserl, l'intersubjectivité devient le point de départ d'une « intelligence de l'empathie [8] ».

De son côté, Max Scheler [9], proche d'E. Husserl, même s'il n'en fut pas son élève, après avoir commenté sous différents angles l'*einfühlung* (l'empathie) version Th. Lipps (« intuition affective », « intuition projective » ou « projection affective »), s'attaqua au problème de la compréhension immédiate de l'autre comme vivant et comme « être-humain ». **Il établit que « comprendre et éprouver » sont deux choses bien différentes et que la conscience du lien inter-humain était fondamentale.** C'est par l'intersubjectivité qu'est rendue possible une participation compréhensive au vécu d'autrui, d'où la possibilité d'une écoute et de l'empathie.

L'empathie et la phénoménologie

Il est intéressant de resituer cette formulation de l'empathie dans le contexte de la phénoménologie pensée par E. Husserl. La phénoménologie se veut une science rigoureuse. C'est la science des **phénomènes**, c'est-à-dire de ce qui apparaît dans l'**expérience**. Il faut s'en tenir à décrire la façon dont les choses apparaissent à la conscience.

Mais pour Husserl et ses disciples, « toute chose est conscience de quelque chose ». C'est avec cette formule qu'Husserl définit le concept d'**intentionnalité**. E. Husserl luttait contre le positivisme et le psychologisme (selon lui, les lois logiques se rapportent aux lois psychologiques régissant l'esprit humain). E. Husserl affirmait qu'il faut « revenir aux choses mêmes ».

Avec le concept d'intentionnalité, la conscience selon Husserl n'est pas qu'une boîte dans laquelle entrent des images ou des perceptions, elle a, à chaque fois, une **visée** (intentionnelle) qui est donneuse de **sens**. L'empathie, conscience de l'intersubjectivité, n'échappe pas à ce phénomène.

8. A. Bertoz, G. Jorland, *L'Empathie, op. cit.*
9. Max Scheler, *Nature et Forme de la sympathie*, tr. fr., Paris, Payot, 1950.

C'est pourquoi dès que l'on veut « installer » une écoute de qualité, une écoute empathique, il faut se poser la question du sens : pourquoi on écoute et qu'est-ce qu'on veut écouter de l'autre.

C'est quelque chose qui nous échappe souvent par négligence ou omission dans le flot de la communication courante. D'où risque de dérives, malentendus, biais. L'écoute est là, mais biaisée, intentionnellement (ou à notre insu, du fait de l'inconscient). C'est le cas quand on écoute pour tenter de convaincre quelqu'un plus que pour chercher à comprendre ce qui l'intéresse vraiment. Ce symptôme n'est pas rare dans bien des entretiens professionnels (résolution de problèmes, vente, appréciation des performances).

Freud et l'empathie

On a vu que S. Freud avait lu Th. Lipps et qu'il avait été sensible à son allusion à l'inconscient au point d'en approfondir le sens et d'en faire une des pièces maîtresses de ses théories.

En revanche, il s'intéressera peu à l'*einfühlung* si ce n'est pour en dire quelques mots en 1921 [10] à propos des phénomènes d'identification, d'imitation-assimilation qu'il étudiera du point de vue de la genèse du Moi et par rapport au complexe d'Œdipe. Une remarque cependant de S. Freud laisse entendre qu'il ne fallait pas évacuer le concept d'*einfühlung* autour duquel se construiront des définitions plus modernes et plus précises de l'empathie. Freud note que « nous sommes loin d'avoir épuisé le problème de l'**identification** car nous nous trouvons en présence du processus connu en psychologie de *einfühlung* (assimilation des sentiments d'autrui) qui joue un très grand rôle grâce aux possibilités qu'il nous ouvre de pénétrer dans l'âme des personnes étrangères à notre moi. Voulant toutefois nous borner aux effets affectifs immédiats de l'identification, nous laisserons de côté l'importance qu'elle présente pour notre vie intellectuelle ». Ce que laisse volontairement de côté Freud, n'est ici rien moins que cette notion de lien inter-humain, d'intersubjectivité dont procède l'empathie et qui est active dans la vie sociale [11].

C'est donc en dehors de S. Freud que la notion d'*einfühlung* continuera à se développer. En Europe, les psychologues l'adopteront. En Angleterre, c'est le mot « empathy » qui s'imposera. Pour la langue française, le professeur suisse Théodore Flournoy (1854-1921), qui créa un laboratoire de psychologie à l'Université de Genève, proposa le terme d'« intropathie », mais c'est l'influence anglaise qui s'imposa et l'*einfühlung* devint définitivement en français « empathie ».

---

10. *Essais de psychanalyse*, tr. fr, Paris, Payot, 1948.
11. C'est sous cet angle que A. Hesnard explorera la nature de ce lien intersubjectif dans *Psychanalyse du lien interhumain*, PUF, Paris, 1957.

Le concept se nourrit encore des travaux du courant allemand de la gestalt-théorie qui s'intéressait de près au processus de compréhension socio-affective primordiale. Ainsi, Kurt Koffka nota que la perception des expressions d'autrui est la toute première expérience de l'enfant. « Pour l'enfant, dit K. Koffka, une expression bienveillante ou hostile est une expérience tout à fait primitive, plus primitive que celle d'une tache bleue. » En 2000, Martin Hoffman [12] montrera par l'expérience que, dès les premières heures de la vie, les bébés réagissent empathiquement à la détresse des congénères.

En résumé

En oscillant entre les notions d'imitation-assimilation, identification, intersubjectivité, compréhension affective, représentation des sentiments, voire d'altruisme, le moule originel de la notion d'empathie, l'*einfühlung* se montre riche de promesses mais va nécessiter un gros effort de clarification.

En prenant ses marques à partir de l'expression « se mettre à la place de l'autre », l'empathie ne pouvait qu'obliger à plus d'exigence et de précision. C'est la condition pour que l'empathie puisse devenir **opératoire** dans le cadre de la communication courante et une manière d'être dans la vie sociale.

2. Un cadre à définir pour l'empathie

Avant d'aller en avant un peu plus au cœur de l'empathie, on peut tenter de fixer le cadre de son exercice. En partant du « dehors » de ce cadre, il est intéressant de répertorier ce que n'est pas l'empathie.

2.1 Ce que n'est pas l'empathie

L'empathie relève de notre **rapport aux autres** et, à ce titre, participe de nombreux processus mais ne se confond pas avec eux.

L'empathie n'est pas la sympathie

La sympathie consiste à éprouver les émotions de l'autre sans nécessairement tenter de se mettre soi à sa place. Comme son étymologie l'indique (du grec *sympatheia*, « participation à la souffrance d'autrui »), la sympathie sup-

12. M. Hoffman, *Empathy and Moral Development*, Cambridge University Press, 2000.

pose que nous prenions part à l'émotion éprouvée par autrui. La spécificité de la sympathie tient donc au phénomène de **partage** des émotions quand l'empathie globalement consiste surtout à se les **représenter**. Si l'empathie entretient un certain rapport avec la sympathie, c'est sûrement sous l'angle de l'expression d'une sensibilité plutôt altruiste : parce que quelqu'un m'est sympathique, il est prévisible que je l'aide mais pas forcément que je cherche à le... comprendre. Par la sympathie, on réagit à l'émotion par l'émotion, on établit ainsi un lien affectif, on provoque une rencontre et une certaine identification opère, donc un certain attachement. Ceci explique aussi que, quand nous « n'aimons pas » quelqu'un, nous avons du mal à être dans la sympathie mais que nous pouvons être en empathie avec lui.

L'empathie n'est pas un phénomène de contagion émotionnelle

La contagion émotionnelle est un phénomène bien connu de la psychologie des foules mais aussi chez les bébés (qui pleurent quand d'autres pleurent, même sans les voir). La contagion émotionnelle désigne le phénomène de propagation d'une émotion d'un individu à l'autre. Certaines personnes reconnaissent rire ou pleurer facilement quand leur entourage manifeste de telles émotions (on dit alors que ces personnes sont très « émotives »). La contagion émotionnelle se caractérise par le phénomène d'indifférenciation entre soi et autrui et c'est ce qui le distingue de l'empathie.

L'empathie n'est pas la compassion

L'expérience de la compassion, si elle nous met sur la voie de l'empathie, peut aussi nous en éloigner. Nathalie Deparz [13], à la lumière d'enseignements bouddhistes, a montré en quoi la compassion n'est pas étrangère à l'empathie par :

- l'expérience de la capacité à s'effacer soi-même en tant qu'ego ;
- la possibilité de se mettre sur un pied d'égalité avec l'autre ;
- l'échange « direct » avec l'autre afin de ressentir ce qu'il ressent.

S'oublier soi-même, s'effacer, c'est rompre avec ses attachements égotiques et pouvoir mieux rejoindre l'autre là où il est et compatir sur son vécu (souffrir la souffrance ou partager le malheur).

Sarah Famery note que « c'est en dépassant d'une certaine façon la « différence » que j'ai accès à une universalité en devenant davantage capable du même coup de ressentir les résonances, les similitudes entre l'autre et moi [14] ».

L'empathie diffère de la compassion, dans le sens où la compassion relève donc plutôt d'un processus d'identification affective (orienté vers la

13. Nathalie Depraz, « Empathie et Compassion », in *L'Empathie*, *op. cit.*
14. Sarah Famery, *Développer son empathie*,Eyrolles/Les Éditions d'Organisation, Paris, 2007.

souffrance en partage dans l'expérience bouddhiste). Dans la compassion, on partage, on s'apitoie, on plaint l'autre. Mais l'empathie s'alimente à la sensibilité à l'humain, à la **primauté** accordée à autrui, tout comme la compassion. D'où une forme d'apparentement.

L'humain, en priorité

En nous en tenant à la sympathie, la contagion émotionnelle et la compassion, autres attitudes différentes mais plus ou moins proches par le sens, nous constatons que l'empathie se construit dans la mouvance d'autres dispositions qui ont en commun un regard prioritairement **humain** sur l'autre et qui oscillent entre comprendre et ressentir, partager et compatir et à chaque fois au nom d'un certain **altruisme**.

2.2 Les degrés de l'empathie

La richesse de la notion d'empathie explique en même temps les vicissitudes de sa définition. Le terme est souvent employé de façon globale, sans précision. On dit : « Il a fait preuve ou il a manqué d'empathie. » Pire, le terme « empathie » jouit désormais d'un certain succès médiatique et le mot fait l'objet d'un véritable tiraillement de sens au point de devenir un mot « valise ». On en veut pour preuve les avatars de l'empathie dans l'univers du commentaire politique.

La « récupération » de l'empathie

Après avoir rappelé que « pour espérer l'emporter, un candidat à l'élection présidentielle se doit donc de créer un climat d'empathie avec les électeurs », Michel Erman, professeur de linguistique et de poétique à l'Université de Bourgogne, écrit dans *Le Monde* [15] que si « Nicolas Sarkozy, le président élu, a su créer une relation d'empathie avec les électeurs [...], c'est qu'il s'est attaché au long de la campagne à susciter une relation d'identification gratifiante, protectrice et rassurante à sa personne ». Troublant quand même de voir aussi l'empathie récupérée dans le sens exclusif d'une certaine forme d'influence (sûrement génératrice d'une dépendance accrue) plutôt que dans le sens de ressentir et comprendre.

Si on peut admettre qu'il existe des degrés d'empathie, on doit reconnaître aussi ce qui n'est pas de l'empathie, voire son contraire !

15. Michel Erman, « Sarkozy, Le poids des mots », *Le Monde*, 23 mai 2007.

En résumé

Pour l'essentiel, on peut aborder la question des degrés d'empathie sous deux angles :
– **d'une part, comme un mode de perception directe des émotions** ou comme l'œuvre de mécanismes plus élaborés de simulation projective ou imaginative ;
– **d'autre part, comme une différenciation plus opérationnelle** entre les trois niveaux sur lesquels elle peut s'exercer : l'attitude, le comportement et la conscience empathique.

Trois degrés de compréhension

Le premier distinguo débouche, d'après Élisabeth Pacherie [16], sur trois degrés d'empathie selon le niveau de compréhension requis :

◆ **La compréhension du type d'émotion**. C'est un degré d'empathie élémentaire qui consiste à identifier et comprendre l'émotion éprouvée par autrui à partir d'indices vocaux et d'expressions faciales. Ce niveau élémentaire d'empathie procède par contagion et imitation. Les mimiques sont communicatives et l'émotion perçue déclenche des réactions similaires. Elle est ainsi reconnue, c'est tout.

◆ **La compréhension de l'objet de l'émotion**. L'observation des actions d'autrui nous permet de détecter ses intentions (ou en tout cas de faire des hypothèses) et d'avoir la possibilité de comprendre les raisons de ses réactions émotionnelles. On ne peut que constater que tout cela bute sur une certaine opacité : les motivations d'autrui, ses désirs, ses préférences sont loin d'être manifestes. De plus, il peut y avoir des distorsions entre les émotions de l'autre et les nôtres : ce qui attriste quelqu'un peut réjouir une autre personne ; ce qui provoque sa colère peut nous laisser indifférent.

◆ **La compréhension des émotions et de leurs raisons**. Cette forme d'empathie est la plus élaborée : elle permet d'appréhender la nature de l'émotion (joie, tristesse…), son objet et les facteurs motivationnels qui l'engendrent. Selon E. Pacherie, il est attendu que l'**imagination** participe à l'effort de compréhension, surtout si l'écart de perspective est important entre le sujet et celui qui s'efforce de comprendre. D'où la part de risque dans la compréhension exacte de l'expérience émotionnelle d'autrui.

16. Élisabeth Pacherie, « L'empathie et ses degrés », in *L'Empathie, op. cit.*

Une grande flexibilité imaginative

La forme la plus élaborée de l'empathie nécessite une grande flexibilité imaginative. On en trouve la ressource en nous-même : il faut avoir un solide vécu émotionnel pour comprendre et ressentir les autres de la façon la plus juste possible. Il faut que ce que ressent l'autre nous « parle » et pour que ça nous parle, il nous faut avoir conscience de ce que ça nous « dit » à nous, comme si l'exercice d'une empathie retournée sur nous-même nous était un exercice familier.

Trois niveaux d'exercice de l'empathie

Le second distinguo prend en compte trois niveaux d'exercice de l'empathie :

◆ **L'attitude empathique**. C'est la définition la plus fréquemment invoquée pour qualifier une certaine qualité d'écoute dans le cadre ordinaire du dialogue et des échanges au sein d'un groupe. **Avoir une attitude empathique, c'est manifester l'intention d'écouter et de chercher à comprendre les sentiments et les émotions d'autrui**. L'attitude empathique vise en général à favoriser l'expression de l'autre sur ses ressentis. D'où l'intérêt dans bien des situations ou pour certains métiers : contexte des ressources humaines, entretiens à caractère social, médical, formation, conseil, mais aussi négociation commerciale et relations hiérarchiques.

Concrètement l'attitude d'empathie se traduit par la mise en œuvre et le respect de certaines dispositions :
- une grande disponibilité, une réelle attention à l'autre pour pouvoir être réceptif à ses émotions ;
- une aptitude à identifier la nature des émotions (celles-ci peuvent être plus ou moins explicitement exprimées) ;
- la lucidité suffisante pour tenter de comprendre les raisons des émotions exprimées (capacité d'élucidation) ;
- la capacité à favoriser l'expression des émotions (surtout quand elles sont en partie camouflées, réprimées, voire niées) ;
- la compétence pour communiquer sur les émotions exprimées (et facilitées). Bref, oser et prendre le parti de parler.

Le bénéfice de l'attitude empathique tient dans les possibilités de décrispation, de désamorçage et d'apaisement de certaines tensions par le simple fait de l'effort ressenti de prise en **considération** de l'autre. On peut le vérifier dans certaines situations courantes, par exemple lors de l'expression d'un fort mécontentement ou d'une inquiétude : apprendre un refus, ne pas obtenir une réponse importante pour son avenir (santé, professionnel, financier). L'attitude empathique est le point de départ d'une reprise en mains dans le sens d'une meilleure compréhension mutuelle et d'efforts pour trouver des solutions ou des compensations. L'attitude empathique évite de se braquer et d'aggraver la situation.

Elle sert en ce sens le dialogue, donc les deux acteurs. Elle témoigne de la volonté primordiale de conserver une dimension humaine à l'échange et écarte des risques présentés par le recours à des conduites dures, froides ou dédaigneuses, souvent le résultat d'attitudes de refuge, donc défensives, pour qui se sent mal à l'aise pour annoncer ou entendre quelque chose de difficile.

Enfin, l'attitude empathique, par l'effort de compréhension et d'acceptation qu'elle privilégie, peut aider l'autre à une certaine prise de conscience des raisons de ses émotions (colère, tristesse, peur, etc.), notamment quand elles sont récurrentes, et ainsi faciliter son amélioration (moins s'énerver et rendre la vie impossible aux autres quand il y a un retard ou un report).

◆ **Le comportement empathique**. C'est la capacité et l'effort de « se mettre à la place de l'autre ». Cette opération consiste à se « décentrer ». Cette forme d'empathie privilégie un exercice et en même temps une expérience qui peut valoir la peine d'être tentée : essayer de comprendre le ressenti de l'autre à partir de ses objectifs, ses attentes, ses habitudes, sa place, ses craintes et ses contraintes connues.

Bien sûr, en se décentrant, on reste soi-même et on n'arrive jamais tout à fait à être l'autre. C'est l'effet de **rapprochement** qui caractérise le comportement d'empathie. Il est parfois attendu, voire demandé par une personne (« mettez-vous à ma place ! »). Le comportement empathique met en œuvre une volonté de **partager** quelque chose. C'est la voie pour une meilleure compréhension de ce que peut ressentir quelqu'un. C'est la voie par exemple qui permet de comprendre la réalité d'une déception ou d'une frustration. Le comportement empathique éloigne des maladresses courantes du genre « ce n'est pas grave… ne vous inquiétez pas… ».

Le comportement empathique, bien que plus restrictif que l'attitude empathique, en focalisant sur l'effort de compréhension, permet souvent l'instauration d'un **dialogue plus approfondi**. C'est pourquoi s'assurer d'un comportement empathique sera favorable en situation de conflit, de désaccord ou de provocation. Savoir se décentrer pour partager peut permettre de se retrouver. Développer un comportement d'empathie, c'est au moins se mettre à la portée de l'autre. Un bout de chemin est ainsi fait, une passerelle est jetée. L'autre découvre qu'on peut accepter de partager quelque chose avec lui.

◆ **La conscience empathique**. Ce troisième niveau d'empathie concerne l'état d'esprit. Atteindre un niveau significatif de conscience empathique, c'est intégrer qu'il existe en toutes circonstances des émotions souvent cachées non manifestées et en tenir compte quand on communique avec une personne.

La conscience empathique permet d'anticiper sur les réactions probables de l'autre et ainsi d'éviter blocage et incompréhension du fait de réponses maladroites et, de ce fait, aggravantes.

Un tel état d'esprit ne peut être que le résultat d'un travail sur soi-même : c'est en apprenant à être à l'écoute de ses propres émotions que l'on réussira à deviner ce qu'elles peuvent déclencher, au cours d'un dialogue, chez l'autre.

> **Exemple**
>
> Avoir conscience que l'on devient agressif quand on s'impatiente permet de mieux comprendre la nervosité qui peut gagner notre entourage dans un tel contexte.

Atteindre un bon niveau de conscience empathique devrait aider à réguler les émotions par la possibilité d'anticiper. La conscience empathique permet de gérer les gaspillages relationnels produits par l'expression courante des humeurs liées à des péripéties ordinaires de la vie de tous les jours. En bref, la conscience empathique est la réponse aux effets d'un certain niveau de conscience anxieuse pas trop forte. C'est donc un atout dans la vie sociale et les relations de travail quand certaines tensions se manifestent et sollicitent le potentiel émotionnel (mécontentement d'un client au téléphone, impatience d'un collègue, obstination d'un chef, etc.).

L'émotion comme préalable

On aura compris que la **conscience empathique** apparaît comme le préalable pour produire une **attitude** ou un **comportement** empathique.

C'est en tout cas être à l'écoute des émotions, donc considérer que l'**émotion** est toujours partie prenante d'un échange, même si elle est faiblement exprimée, voire travestie ou réprimée.

3. L'écoute empathique

Pour aller plus loin avant d'aborder les enseignements de l'écoute clinique, il convient de décrire une forme d'écoute qui exploite toutes les ressources prometteuses de la conscience empathique et que l'on nommera l'écoute empathique. Nous verrons qu'elle a trouvé son principal champ d'application dans le cadre de la relation d'aide et de l'approche de la psychologie non directive, marquée notamment par les travaux et les expériences de Carl Rogers.

3.1 La conception rogerienne de l'écoute

Carl Rogers a fait de l'empathie l'essence même de l'attitude non directive de compréhension dans le cadre de la relation d'aide. S'il n'utilise pas le mot dans son premier ouvrage *Counseling and Psychotherapy* [17], il y fait en revanche référence dans *Psychotherapy and Personnality Change.*

C'est donc en 1942 et 1954 que Carl Rogers s'efforce de préciser la notion d'empathie que l'on trouvera sous sa plume dans une forme plus élaborée en 1963 : « Le terme empathie indique la capacité de s'immerger dans le monde subjectif de l'autre, de participer à son expérience dans toute la mesure où la communication verbale et non verbale le permet… de capter la signification personnelle des paroles du client [18] bien plus que de répondre à leur contenu intellectuel [19]. »

L'empathie selon Carl Rogers

Pour C. Rogers, la notion d'empathie se caractérise par :
- une sensibilité d'ordre alterocentrique ;
- une sensibilité sociale ;
- une réceptivité aux réactions d'autrui ;
- une participation à l'expérience d'autrui sans se limiter aux aspects purement émotionnels ;
- une appréhension de l'expérience à partir de l'angle de la personne qui l'éprouve, tout en demeurant émotionnellement indépendant.

17. Voir la traduction française, *La Relation d'aide et la psychothérapie*, ESF éditeur, Paris, 1971, préface de R. Mucchielli.
18. Nota : C. Rogers désigne par « client » le patient dans la relation d'aide.
19. C. Rogers, G. M. Kinget, *Psychothérapie et Relation humaines*, 1963, 3e édition, 1966, Éd. Univ. de Louvain, Belgique.

Pressentant les risques de confusion entre l'expression « se mettre à la place de l'autre » et le sens plus subtil et plus profond donné par Rogers à la notion d'empathie, R. Mucchielli prendra le soin de préciser en 1974 dans son livre *L'Observation psychologique et psychosociologique* : « Quoique fondée sur une sensibilité sociale qui fait la qualité humaine de la relation, l'empathie est un effort de **connaissance** de l'univers étranger et non une fusion affective ou re-création en soi-même des émotions d'autrui, ce qui obnubilerait toute lucidité [20]. »

De son côté, André de Peretti estime que c'est en retraçant le cheminement personnel de Carl Rogers que l'on peut mieux comprendre la contribution de celui qu'il considère comme le « messager d'une meilleure communication entre les hommes [21] ».

3.2 Authenticité, sincérité et chaleur

Né en 1902, Carl Rogers vit son enfance dans une ferme près de Chicago. De son insertion paysanne, il gardera une imagerie naturaliste de la croissance des êtres et un intérêt passionné pour les méthodes expérimentales en usage dans le monde agricole.

Il tourne le dos à des études en agronomie pour se lancer dans des études historiques en vue de devenir pasteur.

Après un voyage de six mois en Chine à l'occasion d'un congrès mondial d'étudiants protestants, il revient avec une personnalité plus trempée, riche d'une expérience d'ouverture interculturelle qui lui a permis de développer une qualité de subtilité qui lui servira plus tard.

En 1926, Rogers quitte la voie pastorale pour entreprendre une formation simultanée à la thérapie et à la pédagogie à l'Université de Columbia. Préparant un doctorat, il a pu alors éprouver l'incompatibilité radicale entre l'esprit hautement spéculatif inspiré des théories de Freud et les conceptions rigoureusement expérimentales et statistiques des disciples de Thorndike.

Carl Rogers reconnaîtra que la nécessité de résoudre à l'intérieur de lui-même ce conflit fut une « expérience précieuse [22] », tout comme il profitera de la démarche d'inspiration non directive d'intervenants attachés à concevoir un programme de formation à partir des seules questions des étudiants. Le bon sens et la chaleur humaine, il les rencontrera chez une enseignante, Leta Hollingworth.

20. R. Mucchielli, *L'Observation psychologique et psychosociologique.*
21. André de Peretti, *Pensée et Vérité de Carl Rogers*, Privat, Toulouse, 1974.
22. C. Rogers, *Le Développement de la personne*, Paris, Éditions d'Organisation (réédition).

Ses premiers emplois professionnels à partir de 1928 le conduisent à travailler auprès d'enfants en difficultés. Il se fait connaître à partir de 1938 par des publications en rapport avec son idée de produire les premiers enregistrements au magnétophone d'entretiens cliniques, en vue d'en faire à loisir et objectivement une analyse rigoureuse de contenu.

Devenu universitaire, il verra sa renommée grandir en même temps que sa conception de la non-directivité va soulever des controverses grandissantes (il ne l'utilisera plus après 1945). En 1963, il quitte le monde universitaire et les honneurs (il fut nommé « humaniste de l'année ») pour s'installer à La Jolla, aux portes de San Diego en Californie (Center for Studies of the Person). Il va créer la « Fondation pour la paix » dans la ligne de son engagement contre la guerre au Vietnam. Il meurt en 1987 d'une crise cardiaque, en plein combat contre tous les dogmatismes et les rigidités théoriques.

Selon André de Peretti, Carl Rogers aura été un « psychologue paysan », calé sur son bon sens mais sensible et fin, échappant aux catégorisations linéaires et réductrices. La méthode de Rogers était à l'image de l'idée qu'il se faisait de la nature humaine. Il considérait, en effet, que l'individu possède en lui une capacité à s'auto-actualiser qui, une fois libérée, lui permet de résoudre ses problèmes. Plutôt qu'agir en expert qui comprend le problème et décide de la façon dont il doit être résolu, le thérapeute doit, selon lui, libérer le potentiel que possède le patient pour résoudre lui-même ses problèmes personnels.

Fred Zimming[23] souligne combien des valeurs rurales comme le caractère inéluctable de la croissance et de la germination ont pu marquer Rogers dans sa jeunesse, tout comme celle du libéralisme protestant ou du courant de l'empirisme de Paul Tillick.

Les grandes marques de l'approche rogerienne de l'entretien tiennent à :

– **la conscience que le thérapeute doit avoir de la relation qu'il vit avec le patient**. Cela suppose qu'il soit véritablement lui-même, donc sincère et authentique (congruence). Elle suppose qu'il soit prêt à discuter de ce vécu si celui-ci fait obstacle aux deux conditions qui suivent ;

– **le respect inconditionnel à l'égard du patient** qui se traduit par la capacité à accepter avec confiance et compréhension toutes les facettes de son expérience ;

– **la compréhension empathique**, c'est-à-dire avec la personne et non le sujet, en s'efforçant à communiquer ce sentiment.

23. Fred Zimming, *Perspectives*, revue trimestrielle d'éducation comparée, Paris, Unesco, 2000.

En résumé

Dans la conception rogerienne, l'écoute empathique ne consiste pas à comprendre la personnalité de son client, pas plus qu'il ne doit le guider dans la recherche de la solution à ses problèmes. Il suffit que le thérapeute soit sincère et accepte le patient sans réserves, en faisant preuve de compréhension et de sensibilité à son égard.

Bref pour accepter et comprendre la conception rogerienne de l'écoute dans la relation d'aide, il faut croire dans :

– la consistance de toute personne ;
– la capacité de croissance et de cicatrisation en dépit des blessures de l'existence ;
– les effets d'un climat favorable de facilitation et de communication.

La richesse de la démarche de Rogers n'a pu que susciter certains **paradoxes** qu'ont mentionnés des observateurs comme Max Pagès [24] :

– il vit l'expérience d'une relation profondément intuitive avec autrui et cependant intervient méthodiquement selon des comportements de réverbération ou de réexpression des sentiments ou idées émergeant en cet autrui ;
– il est d'un abord prudent pour ne pas empiéter sur les personnes et il est pourtant chaleureux ;
– il se protège et soutient sa solitude comme celle des autres et toutefois amplifie communications internationales et solidarités avec les peuples ;
– il accueille radicalement les interlocuteurs mais il formule et vit ses propres valeurs ;
– il ne cesse de théoriser mais il rejette les radicalisations ;
– il se place en accueil de « l'ici et maintenant » et néanmoins admet l'hypothèse d'évolutions possibles par la constatation de cet accueil.

3.3 L'écoute empathique en pratique

C'est dans le cadre de la relation d'aide que la notion d'empathie, largement inspirée des travaux de Carl Rogers, a pu trouver son développement. Par extension, on a considéré qu'une bonne qualité d'écoute pouvait largement s'alimenter aux sources de l'empathie, au-delà de la relation spécifique d'aide.

24. Max Pagès, *L'Orientation non directive*, Dunod, Paris, 1965.

Faire de la place à l'autre

Dans bien des situations professionnelles de communication ou dans le cadre des relations sociales, l'un des problèmes majeurs rencontrés tient au nécessaire effort pour reconnaître l'autre dans ce qu'il vit, ce qui dépasse le simple fait déjà primordial de chercher à le comprendre.

Bénéfice selon C. Rogers : « Si quelqu'un comprend ce que cela fait d'être moi sans chercher à m'analyser ni à me juger, alors je peux m'épanouir et me développer dans cette atmosphère [25]. »

Or ce type de compréhension mutuelle est requis, hors de la pure relation d'aide, à chaque fois qu'il s'agit d'aborder un problème relationnel, de résoudre un conflit, de prendre une décision en commun, d'avancer sur un projet, d'évaluer un travail, de s'entendre au cours d'une réunion.

Écouter, c'est aussi la clé pour soigner. Le traitement des patients nécessite un réel exercice de l'écoute. Le docteur Catherine Burugorri le confirme, en particulier pour l'approche délicate des cas d'addiction : « Je suis capable de ne pas juger mes patients, ce qui est essentiel pour bien les écouter et savoir détecter la petite phrase apparemment anodine où ils disent ce qui est vraiment important [26]. » Seule une telle qualité d'écoute permet de ne pas lâcher un diagnostic complexe jusqu'à la réponse juste, parfois des mois plus tard.

Si on parvient à **faire de la place à l'autre** pour entendre ce qu'il dit, acceptant ce qu'il est, sans viser nous-même quelque chose de particulier, nous sommes sur la voie d'une écoute que l'on peut qualifier d'empathique. Le meilleur indice de l'exercice d'une écoute empathique nous est fourni quand l'interlocuteur nous montre qu'il se sent pleinement **reconnu**.

Les effets positifs attendus

L'écoute empathique présente de nombreux avantages pour l'échange et la bonne entente. On peut faire l'hypothèse que l'écoute empathique est un puissant levier pour les relations humaines : se sentir mieux ensemble, trouver des solutions, prendre des décisions favorables et aller de l'avant.

Parmi les principaux effets positifs, on peut retenir que :

– une personne entendue et reconnue se sentira exister plus fortement, indépendamment de son statut, ses missions, son rôle, ses responsabilités, sa place dans la société ;

– une personne entendue et reconnue regagne de la confiance en soi à travers la confiance des autres ;

25. Carl R. Rogers, *Le Développement de la personne*, InterÉditions, nouvelle présentation, Paris, 2005.
26. Parcours de médecin sur le site *www.sante-sports.gouv.fr*

– une personne entendue et reconnue est encouragée à rebondir en cas de situations difficiles, à reprendre des initiatives et à dépasser certains blocages ;
– une personne reconnue et entendue sera mieux à même d'entendre des critiques constructives ou des conseils pour avancer ;
– une personne reconnue et entendue se sentira plus à l'aise pour se confier.

Dans un hommage unanime rendu à l'animatrice de radio, Kriss, disparue en 2009, Chantal Pelletier et Rebecca Manzoni [27] la décrivent comme une « passeuse de savoir » douée d'une écoute rare dans le milieu journalistique : « Elle t'ouvrait le micro, la parole, laissait la place... cette hospitalité radiophonique s'entend dans tous ses mots? [...] La capacité d'entrevoir l'émotion dans les silences. Et enfin celle de s'effacer. C'est le paradoxe entre être très présent et en même temps disparaître pour laisser la place à l'autre. » Bref, une belle illustration des effets positifs attendus d'une authentique qualité d'écoute.

En résumé

Développer l'écoute empathique n'est possible que si on ne cherche ni à faire son devoir, ni à compatir, ni à conseiller, ni à évacuer un problème, ni à résoudre, ni à suggérer. Il est réducteur de dire que l'écoute empathique ne serait qu'une entreprise de **considération désintéressée** et pourtant, c'est en s'essayant à ce chemin exigeant pour **rencontrer** l'autre que l'on emprunte la bonne voie.

Cette absence de pression nous autorise à dire que les moments d'écoute empathique apparaissent comme une réponse au stress permanent moderne pointé dans les relations de travail. Ne pas reconnaître quelqu'un, ne pas le considérer est un facteur lourd de stress dans les entreprises et les institutions. Inversement, opter pour l'écoute empathique, c'est favoriser le climat et ménager des ouvertures. C'est en ce sens une clé pour remobiliser et réamorcer la motivation tout court.

27. Chantal Pelletier, *À cœur et à Kriss*, Éditions des Busclats, 2011 et émission « Les passagers de la nuit, Kriss en transmission », France Culture, avec Jack Souvant, 23 mai 2011.

4. Les enseignements de l'écoute analytique

Les perspectives freudiennes de la psychanalyse ouvrent un autre champ d'écoute, différent, mais peut-être plus complémentaire qu'opposé à la conception rogerienne de l'empathie. En fait, Carl Rogers n'a pu ignorer la voie de Freud et il lui doit beaucoup, même s'il s'écarte de lui par sa technique d'interventions sans interprétation et par son parti pris d'antagonisme.

L'entretien dans le cadre de la psychologie clinique est caractérisé par une écoute bien spécifique dont la profondeur est riche d'enseignements. Le but fondamental est de laisser parler le patient [28], de lui permettre de parvenir à parler s'il a quelques difficultés à le faire, pour qu'il dise ce qu'il a à dire, ce qu'il veut dire, ce qu'il peut dire. Comme le note Colette Chiland [29], « il apparaît alors que cette liberté de parole qu'on s'efforce de lui donner, il ne peut en faire qu'un usage limité par des réticences conscientes ou des résistances inconscientes, il ne veut pas, il ne peut pas tout dire, en tout cas d'emblée. Le clinicien doit interférer le moins possible avec ce discours tel qu'il s'organise spontanément, il ne doit pas entraver la parole, mais la faciliter. »

Ajoutons qu'une curiosité intempestive serait mal venue, comme tout désir inquisiteur d'extorquer la vérité. Le psychologue clinicien n'a pas non plus hâte de communiquer ce qu'il comprend : l'important sera de le communiquer au moment profitable pour le patient.

En résumé

Pour l'écoute analytique, ce qui importe, ce n'est pas seulement ce qui est dit, mais le moment où c'est dit et la manière dont c'est dit.

Ce que le psychologue clinicien met au service du patient, c'est son appareil psychique, son fonctionnement mental, sa capacité de ressentir, de comprendre et d'élaborer. Cette compétence est un savoir vivant, incarné, où il paie de sa personne. Elle procède selon trois registres dont les caractéris-tiques donnent la mesure de l'exigence d'une écoute analytique bien maîtrisée :

- l'aptitude à pratiquer une attention flottante au sens de Freud ;
- l'inconscient comme instrument de l'écoute ;

28. On le nomme aussi « client ».
29. Colette Chiland, *L'Entretien clinique*, PUF, Coll. Quadrige, 2e édition, Paris, 2007.

– la capacité à observer les confidences du corps et les mises en scène de la parole.

En ce sens, l'écoute du clinicien serait plus qu'utile à l'hôpital quand le malade ordinaire est confronté à une maladie grave, pour prendre en charge l'angoisse de ce qu'il dit mais aussi de ce qu'il tait. Car, comme le déclarait en 1999 le psychiatre Daniel Widlöcher : « on n'a jamais guéri une douleur morale par un antidépresseur. Peut-on estimer qu'un antidépresseur agit sur l'estime de soi, qu'il apaise le deuil, qu'il calme l'impulsivité? Je ne le crois pas. » C'est pourquoi, selon Hélène Brocq, le psychologue clinicien, avec la spécificité de son écoute, doit être « un acteur incontournable du développement d'une culture éthique de l'écoute à l'hôpital[30] ».

4.1 L'attention flottante

On doit à l'expérience freudienne ce concept d'attention flottante pour fournir une première caractéristique de l'écoute analytique.

Qu'est-ce que l'attention flottante ?

Freud en a fourni une explication dans un ouvrage consacré à la technique psychanalytique[31] :

« Nous ne devons attacher d'importance particulière à rien de ce que nous entendons et il convient que nous prêtions à tout la même attention "flottante" suivant l'expression que j'ai adoptée. On économise ainsi un effort d'attention qu'on ne saurait maintenir quotidiennement des heures durant et l'on échappe aussi au danger inséparable de toute attention voulue, celui de choisir parmi les matériaux fournis. C'est en effet ce qui arrive quand on fixe à dessein son attention : l'analyste grave en sa mémoire tel point qui le frappe, en élimine tel autre et ce choix est dicté par des expectatives ou des tendances. C'est justement ce qu'il faut éviter : en conformant son choix à son expectative, l'on court le risque de ne trouver que ce que l'on savait d'avance. En obéissant à ses propres inclinations, le praticien falsifie tout ce qui lui est offert. N'oublions jamais que la signification des choses entendues ne se révèle souvent que plus tard. »

Accepter de se laisser surprendre

La spécificité de ce type d'écoute apparaît encore plus clairement quand on suit la recommandation de Freud : écouter sans se préoccuper de savoir si on va retenir quelque chose. C'est pourquoi Freud déconseille à l'analyste

30. Dossier : « L'écoute à l'épreuve du médical », *Le Journal de Psychologues*, n° 266, avril 2009.
31. S. Freud, *La Technique psychanalytique*, PUF, Paris, 1970.

de prendre des notes, car ce mode de contrôle restreindrait l'écoute par des choix dans les matériaux transcrits.

Objectif :
– se laisser surprendre par tout fait inattendu ;
– conserver une attitude détachée (donc différente de l'écoute « chaleureuse » au sens rogerien) ;
– éviter toute idée préconçue.

Freud conseille, pour l'écoute analytique, de la distance et une certaine froideur des sentiments qui offriraient selon lui plus de garantie à la qualité de l'écoute. Dans l'expérience psychanalytique : « Écouter, c'est écouter sans tout de suite penser au sens… C'est attraper certains verbes, certaines fins de phrases uniquement et mettre en liens pour y débusquer ce qui s'y déroule en arrière-plan… C'est écouter sans réagir à tout ce qui est dit… C'est entendre ce qui n'est pas dit et qui pourtant se dit tout de même. C'est se laisser endormir par la petite musique de l'anecdote pour être réveillé par ce qui est important dans le pourquoi de cette banale anecdote [32]. »

4.2 L'inconscient comme instrument de l'écoute

Mais ce qui caractérise par-dessus tout l'écoute psychanalytique, c'est le respect de la règle psychanalytique fondamentale : de même que le patient doit raconter tout ce qui lui passe par l'esprit sans se censurer d'aucune façon, l'analyste ne doit pas retenir ses interprétations les plus spontanées.

Freud préconise ainsi que l'instrument majeur de l'écoute de l'analyste soit son propre inconscient.

S'écouter soi-même pour écouter l'autre

Pour cela, il ne doit tolérer en lui-même aucune résistance susceptible d'empêcher les perceptions de son inconscient d'arriver jusqu'à son conscient, d'où la condition obligatoire d'avoir lui-même procédé à une analyse (toute méconnaissance de ses propres complexes ou tout refoulement non liquidé ne pouvant qu'altérer l'écoute de l'inconscient du patient). Freud y va d'une métaphore très commode pour montrer comment l'inconscient peut devenir l'instrument de l'écoute de l'analyste :

« En réserve, l'inconscient de l'analyste doit se comporter à l'égard de l'inconscient émergeant du malade comme le récepteur téléphonique à l'égard du volet d'appel. De même que le récepteur retransforme en ondes sonores les vibrations téléphoniques qui émanent des ondes sonores, de

32. Alexandre Bellenger, *L'Expérience psychanalytique*, texte non publié, Paris, 2007.

même l'inconscient du médecin parvient, à l'aide des dérivés de l'inconscient du malade qui parviennent jusqu'à lui, à reconstituer cet inconscient dont émanent les associations fournies [33]. »

Écouter l'inconscient implique de discerner toutes les formes dans lesquelles il peut se manifester. Pour Laurence Kahn, helléniste et psychanalyste, « écouter un patient c'est retransformer [34] », car derrière la surface il y a la profondeur. Et transformer le sensible en quelque chose d'intelligible est la grande affaire de l'analyse.

En résumé

On ne peut vraiment écouter au sens analytique que si on sait s'écouter soi-même (« Écoutant, écoute-toi toi-même »).

Écouter l'inconscient comme un langage

Selon la contribution du psychanalyste français Jacques Lacan, « l'inconscient est structuré comme un langage ». « Écouter dans le discours analytique, c'est entendre d'où l'inconscient parle : il se faufile de façon métonymique [35] dans les phrases, entre les phrases, sous les signifiants… Comme l'inconscient est structuré comme un langage, écouter, c'est écouter ce qui s'y dit ; l'interprétation, c'est donner une forme à tout cela dans l'instant, à un moment très précis, c'est une forme de désir refoulé, donc inconscient et qui court sous les signifiants dans les phrases de celui qui parle [36]. »

Mais pour Lacan, l'exigence de l'écoute a un prix : celui de refuser toute fonction d'expertise. Soit une sorte d'ascèse : « n'être rien », selon son expression, pour mieux écouter [37].

Même si, à la suite de Freud et Lacan, J.-R. Freymann [38] rappelle que nous sommes comme « habités par le langage », il n'en reste pas moins que le corps parle et ses mouvements peuvent donner prise à l'interprétation.

33. S. Freud, *op. cit.*, p. 68.
34. Laurence Kahn, *L'écoute de l'analyste. De l'acte à la forme*, coll. « Le Fil Rouge », PUF, Paris, 2012.
35. Métonymie : figure de rhétorique (« boire un verre » est une métonymie).
36. Alexandre Bellenger, *op. cit.*
37. D'après Jean Allouch, « Trente ans après sa mort, Lacan, analyste ou maître spirituel? », *Le magazine littéraire*, septembre 2011.
38. Jean-Richard Freymann, *Introduction à l'écoute*, Édition Arcanes, Strasbourg, 1999.

Freud écrit à ce propos : « Celui qui a des yeux pour voir et des oreilles pour entendre constate que les mortels ne peuvent cacher aucun secret. Celui dont les lèvres se taisent bavarde avec le bout des doigts, il se trahit par tous les pores. C'est pourquoi la tâche de rendre conscientes les parties les plus dissimulées de l'âme est parfaitement réalisable [39]. »

Freud interprète ainsi la manipulation machinale d'un porte-monnaie par Dora, l'une de ses premières patientes hystériques et mutiques, comme l'expression d'envie masturbatoire. Confirmation donc que, pour Freud, les expressions du langage non verbal relèvent des « symptômes », d'où la question cruciale : quel rapport existe-t-il entre la parole et l'acte sympto-matique ?

Pour y répondre, Freud prend en compte trois postulats :

– les gestes et les mouvements du corps sont guidés par des besoins émotionnels qui n'ont pas pu être exprimés verbalement ;

– le sens de certaines activités posturales se révèle dans l'association avec les contenus mentaux spécifiques verbalisés ;

– la connaissance de la personnalité du patient renseigne l'analyste sur la signification des gestes.

On notera cependant que l'installation sur un divan du patient, avec l'analyste qu'il ne voit pas, favorise peu l'observation du langage non verbal, notamment les mimiques.

Le dialecte corporel en situation d'interaction

« Tout face-à-face engage les interlocuteurs d'une relation avant qu'ils n'aient prononcé un seul mot [40]. » C'est E. Goffman [41] qui a le mieux rendu compte de ce processus en introduisant la notion de **dialecte corporel** :

« Lorsque des individus se trouvent réunis en des circonstances qui n'exigent pas que des paroles soient échangées, ils s'engagent néanmoins, qu'ils le veuillent ou non, dans une certaine forme de communication. C'est que, dans toute situation, une signification est assignée à divers éléments qui ne sont pas nécessairement associés à des échanges verbaux : il faut entendre par là, l'apparence physique et des actes personnels comme l'habillement, le maintien, les mouvements et les attitudes, l'ornementation du visage et l'expression émotionnelle en général. »

À l'instar du psychothérapeute, Proust, dans son livre *À la recherche du temps perdu*, a laissé de beaux passages qui montrent comment on peut entendre l'histoire d'une vie en lisant un visage. Dans le face-à-face de l'écoute mutuelle, deux regards peuvent se croiser et deux histoires se rencontrer. Le contact

39. S. Freud, *Cinq Psychanalyses*, tr. fr., PUF, Paris, 1967.
40. Philippe Kaeppelin, *L'Écoute*, ESF éditeur, 5e édition, Paris, 1996.
41. Erwin Goffman, *La Nouvelle communication*, Le Seuil, Paris, 1981.

visuel donne alors lieu à des interactions d'émotions et de sentiments : les personnes se ressentent l'une l'autre pour s'entendre dire ce qu'ils pensent. Il s'agit par le dialecte corporel d'une sorte de dialogue « corps à corps » par le truchement des visages et des regards.

En résumé

Il s'agit de bien intégrer l'idée d'empathie, sans perdre de vue d'où elle vient et sans être dupe de ses dérives ou de ses imperfections : « se mettre à la place de l'autre », prendre l'autre en considération, témoigner authenticité et sincérité dans la relation.
Il est essentiel de retenir la place accordée aux émotions, clé du dialogue. L'expérience de l'écoute analytique incite à aller plus loin : accepter de se laisser surprendre et faire de l'inconscient l'ultime instrument de l'écoute pour se ranger à l'idée qu'il conviendrait de s'écouter soi-même pour écouter l'autre.

3

CHAPITRE

Assimiler les techniques d'écoute active

On aurait tort de ne pas garder en tête quelques vérités ou exigences majeures de l'écoute dans le champ psychanalytique au moment de basculer dans l'approche de l'écoute au cœur des processus ordinaires de la communication de tous les jours. Certains avertissements majeurs sont là pour nous rappeler toute la relativité des voies que nous allons emprunter pour aborder l'ambitieux projet d'une amélioration de l'écoute au quotidien. Ainsi Jacques Lacan déclare-t-il dans un discours à Tokyo (1971) :

> « Il y a une façon d'entendre qui fait que nous n'entendons jamais que ce que nous sommes déjà habitués à entendre. Quand quelque chose d'autre se dit, la règle du jeu de la parole fait que simplement nous le censurons. La censure est une chose très banale, cela ne se produit pas seulement au niveau de notre expérience personnelle, cela se produit à tous les niveaux de ce que nous appelons nos rapports avec nos semblables, à savoir que ce que nous n'avons pas déjà appris à entendre, nous ne l'entendons pas. Nous ne nous apercevons pas que tout un morceau, tout un paragraphe de ce qui vient d'être dit, tout son poids particulier veut dire quelque chose qui n'est bien entendu pas dans le texte. C'est là que nous entrons dans ce qui est important dans ce que j'enseigne : il veut dire, mais ça ne suffit pas de vouloir. On veut dire, mais ce qu'on veut dire est en général raté. C'est là que l'oreille du psychanalyste intervient à savoir qu'il s'aperçoit de ce que l'autre vraiment voulait dire. »

Et l'oreille de tout un chacun n'est pas celle du psychanalyste pourrait-on ajouter ! C'est pourquoi l'écoute au quotidien est une aventure toujours plus ou moins approximative. D'autant plus qu'à la différence du contexte clinique, voire de celui de la relation d'aide (du type rogerien), l'écoute n'est pas le but principal des acteurs communicants de la vie ordinaire.

L'écoute est en même temps un moment et un moyen de la communication à usage courant. Elle est associée à d'autres objectifs : informer, expliquer, persuader, évaluer, résoudre des problèmes, inciter, encourager, et parfois, critiquer, juger, sanctionner, éconduire… Si on invoque la nécessité d'une bonne écoute, c'est que l'on pense qu'il vaut mieux comprendre et prendre en compte l'autre pour mieux réussir dans nos différentes entreprises d'interaction. C'est flagrant dans la relation commerciale entre client et vendeur : on sait que le vendeur augmentera ses chances d'argumenter avec pertinence s'il a bien compris la problématique du client, donc s'il l'a bien « entendue ».

Dans ce chapitre, c'est d'une écoute au service des objectifs courants de la communication ordinaire dont nous allons traiter. Si elle s'éloigne des buts de l'écoute clinique, elle ne doit pas en oublier certaines vérités. Si on veut la maîtriser et l'améliorer, il est cependant nécessaire de respecter autant certaines attitudes que de pratiquer certains outils du dialogue comme le questionnement et la reformulation pour être plus efficace.

1. Les attitudes efficaces d'écoute

Le thème de la *communication* entre les personnes reste en ce début de XXIe siècle une des préoccupations essentielles. On en veut pour preuve l'importance accordée dans les entreprises aux formations à la communication. On sait que l'expertise ne suffit plus, il faut être à l'aise pour communiquer. Au point de chercher à être un « pro » de la communication dans une société où l'on cède un peu trop facilement au slogan certainement excessif qui proclame que « tout est communication ».

En même temps, on se plaint que cela ne va pas du côté de la communication : on communique trop, pas assez ou mal. Cible privilégiée des critiques : la mauvaise écoute. Dire cela, c'est reconnaître à l'écoute une place essentielle dans le processus de communication et confirmer qu'il semble plus difficile d'améliorer son écoute que les autres facettes du talent à l'oral : l'élocution, l'argumentation, la répartie, la gestuelle ou la maîtrise du langage.

D'où une réflexion sur l'écoute comme *temps fort* de la communication selon Philippe Breton [1] : « L'écoute, du point de vue des professionnels de ce domaine [la communication] recouvre deux réalités distinctes. Il s'agit d'une part de la façon dont l'auditoire va recevoir les messages émis. Les professionnels de la communication doivent donc connaître le public, les publics, anticiper ses réactions, bref tenter de maîtriser l'écoute que l'audi-

1. P. Breton in *Écouter, La culture du convaincre*, ouvrage collectif, Autrement, Paris, 1998, p. 153.

toire aura du message. Mais pour ce faire, il leur faut d'autre part avoir eux-mêmes une bonne écoute de ces réactions. Un bon professionnel en communication est au fond celui qui sait être à l'écoute d'une écoute. Tout l'art est dans la capacité d'attention à l'attention de l'autre. »

1.1 Offrir une disponibilité active

« Je tiens absolument à rester à l'écoute de mes joueurs », déclare Fabien Galthié, ancien joueur et capitaine du XV de France et coach de l'équipe parisienne du Stade Français. Il a compris la nécessité d'offrir une *disponibilité active* dans le contexte du vestiaire pour capter le moindre des signaux faibles émis par des joueurs mis sous tension par la pression de la haute compétition. Cette disponibilité active va se traduire par deux attitudes gagnantes :

La veille

Dans un monde fébrile et agité, l'attitude de *veille* est une posture trop rare. Faire preuve de disponibilité active, c'est réapprendre à veiller à quelque chose au sens de porter une grande attention et du soin à ce qui se fait ou ce qui se dit. L'attitude de veille nécessite un effort de *concentration* volontaire. Il peut se traduire par des actes concrets : s'isoler pour un entretien, couper son téléphone, choisir un lieu favorable aux échanges, mais aussi se préparer à tout entendre, ne pas être sélectif...

La vigilance

Dans l'art de la navigation, la vigie c'est le matelot placé en observation dans la mâture ou à la proue du navire pour guetter ce qui se passe ou s'annonce au large. Cette surveillance attentive est la condition d'une disponibilité active dans l'art de la communication.

Être la vigie, c'est se comporter comme un radar pour capter les signaux les plus faibles. C'est le contraire de :

- se mettre la tête dans le sable (syndrome de l'autruche), c'est adopter une attitude de déni, c'est-à-dire une surdité délibérée en présence de ce qui se donnait à entendre, à voir ou à ressentir ;
- faire preuve d'agitation, c'est-à-dire s'affoler, « courir partout », s'emporter, s'énerver au vu ou à l'écoute de ce qui se passe (syndrome de l'hyperactivisme).

Adopter l'attitude de la vigie, c'est être capable d'un fort contrôle de soi pour se concentrer sur la bonne réception et le bon décryptage des messages émis dans un certain contexte. C'est au sens psychologique *augmenter notre présence à l'autre* pour qu'avec notre vécu nous puissions entendre ce qui ne fait pas forcément *sens* tout de suite (penser au guetteur sur son mât qui intensifie son observation pour détecter ce qui se passe au large ou ce qui s'annonce (orage, tempête, épave, côte...). Il y a chez la vigie une belle aptitude à l'*observation*, à la *synthèse* et à la capacité de *recoupement* (comment les indices s'associent pour aider à une validation des événements en cours).

1.2 Accepter les silences utiles

Dans son délicieux opuscule *L'art de se taire* paru en 1771, l'abbé Dinouart [2] notait que « jamais l'homme ne se possède plus que dans le silence ». Se taire c'est laisser la place à la réflexion, voire à l'introspection. Se taire est la clé de l'écoute de soi, mais aussi un grand pas vers l'écoute des autres. Quand le ton monte, que les échanges s'accélèrent, que les paroles s'enchevêtrent, qu'on se coupe allégrement la parole, l'écoute n'est pas au rendez-vous. Quand un couple se dispute, le seul qui écoute, c'est le voisin, l'oreille collée au mur, qui n'en perd pas une ! Sur les plateaux de télévision, quand le débat s'envenime, la qualité du dialogue baisse à mesure que l'écoute est malmenée : communiquer nécessite d'apprendre l'art de se taire, pour laisser l'autre s'exprimer. Simple respect ou habileté, se taire, accepter le silence, semble une vertu à redécouvrir : « on risque moins à se taire qu'à parler », faisait remarquer l'abbé Dinouart.

Le silence accepté et maîtrisé

Il n'y a pas de qualité d'écoute dans la précipitation des échanges. C'est une réelle discipline à développer que de laisser ses interlocuteurs aller au bout de ce qu'ils ont entrepris de dire.

Le silence : conseil pratique

Il suffit d'acquérir le réflexe de laisser une ou deux secondes de silence (ponctuée d'un regard) pour vérifier que le *tour de parole* peut changer de propriétaire. Procéder ainsi, c'est introduire du calme et de la tolérance dans l'échange, c'est mettre à l'aise et se ménager aussi à soi un temps de répit pour ses reprises (interroger, préciser, compléter, parler d'autre chose...).

2. Dinouart (Abbé), *L'art de se taire*, Éditions Jérôme Million, Grenoble, réédité en 1987 et 1996.

Dans les conversations ordinaires, on observe un ferment de fébrilité : chacun dit sans trop entendre ni *lier* ce qui est à dire avec ce qui précède.

Pratiquer des silences brefs, acceptés et maîtrisés augmente les chances de maintenir un effort de compréhension et de partage, là ou tenter de s'imposer, de s'opposer, de juger, de surenchérir, de contester ou d'approuver sans discernement se révèle être trop naturel et trop fréquent.

Savoir se taire pour laisser parler en pratiquant des silences utiles, c'est posséder un certain gouvernement de soi et des autres qui privilégie un dialogue plus serein, plus participatif et certainement plus équilibré. Se taire, c'est donner sa chance à l'autre de s'exprimer. Se taire relève d'une sorte d'hygiène de la communication.

Le silence n'est pas toujours ce qu'on croit

Cependant, le silence est loin d'être toujours une pratique favorable au dialogue qui respecte les efforts de compréhension. Les silences n'ont pas tous le même sens, ni la même fonction. Ils participent alors beaucoup plus à des processus d'*influence* qu'à la possibilité d'instaurer une communication qui privilégierait l'effort de compréhension :

- **Le silence séducteur**, il procède par le biais d'un regard admiratif, complice. Il fonctionne comme une flatterie envers l'ego de ceux qui parlent.

- **Le silence approbateur**, il ponctue les propos avec des hochements de tête. On peut parfois s'interroger sur la fiabilité d'un tel accord et l'interpréter comme une forme de suivisme, donc comme la trace d'une certaine soumission. Ce type de silence sert à dire : « Je suis d'accord avec vous, je vous suis, je suis… À vous ou avec vous… »

- **Le silence tacticien.** C'est un silence de prudence, qui scrute, « pèse », évalue. C'est le fait du calculateur qui a appris à ne pas dire grand chose mais à intervenir à bon escient. Ce silence est tout orienté vers la recherche de la faille, de la faute à exploiter, de l'opportunité à saisir. C'est l'art du *kairos* (au sens grec, du talent à profiter des occasions). C'est le silence du guetteur aux aguets. Se taire n'éveille pas les soupçons. C'est l'œuvre d'une agressivité très contrôlée qui permet de faire mouche. Ce silence procède d'une certaine dissimulation.

- **Le silence méprisant,** refuge d'un incontestable mal être désigne une forme de refoulement. Avec ce silence, ce sont les mimiques qui parlent : fixité du regard ou mouvements de dépit ou de dénégation, sourire ironique, lèvres serrées. Ce silence oppressant est dur à vivre car il signifie une forme de renoncement au dialogue, un recul de la confiance. Ce silence est souvent difficile à briser car il a tendance à inquiéter, voire inhiber les interlocuteurs ou les inciter à une certaine hypocrisie (faire ceux qui ne s'aperçoivent de rien…).

◆ **Le silence absent.** Cette posture d'écoute est trompeuse. En fait, ce type de silencieux est *ailleurs*. C'est une forme de *retrait* qui confirme que se taire ne veut pas nécessairement dire écouter activement. Il peut signifier autant un refus, qu'un manque d'intérêt mais aussi un certain rejet de ce qui se dit tout comme de l'interlocuteur proprement. Ce silence veut parfois dire « cause toujours ! ».

Au total, ces silences peuvent être « bruyants » : ils dérèglent la communication par les effets des non-dits qu'ils supposent et peuvent gravement perturber des interlocuteurs démunis car décontenancés. On verra plus loin qu'un recours à la régulation par l'usage des techniques de reformulation peut permettre de faire « revenir » dans ces silences lourdement chargés de sens qu'on aurait tort de ne pas chercher à « entendre ». Seule issue : aider l'autre à verbaliser ce qu'il ressent sans pouvoir le dire autrement que par des silences sourds.

2. Ni réactivité, ni projection

L'installation d'une attitude d'empathie suppose le recul des tendances impulsives et projectives. Pas d'écoute active possible au service d'un dialogue de bonne qualité si on n'arrive pas à gérer sa réactivité ou à voir l'autre à travers soi de façon excessive.

2.1 Ne pas être réactif

Les philosophes grecs en avaient eu le pressentiment : répondre trop vite, réagir au « quart de tour » peut desservir. D'où leur conseil : apprendre à tourner sept fois la langue dans sa bouche avant de répondre.

D'où nous vient cette tendance à réagir trop tôt, trop vite ?

D'assez loin. On connaît la fameuse période du non catégorique surtout chez les enfants entre 2 et 4 ans. Elle correspond à la période de construction d'une identité autonome. Et cette construction passe par la résistance au pouvoir des adultes. Plutôt bon signe et plutôt saine, cette période est parfois mal gérée par l'entourage (trop permissif ou trop autoritaire) et les expériences de l'enfant sont malheureuses car marquées de déséquilibre : il s'agirait de faire en sorte que l'enfant fasse autant l'expérience du refus que de l'accord conquis (obtenir satisfaction).

Chez l'adulte, on observe chez certaines personnes une réactivité latente qui se caractérise par une opposition quasi systématique à toutes les sollicitations. C'est une manière d'exister dans l'opposition au risque de se faire mal voir, d'avoir une mauvaise réputation et surtout d'être inaccessible. **La réactivité parasite l'écoute dans le sens unique de favoriser les réponses**

négatives (c'est le cas par exemple du sélectionneur de l'équipe de France de football, Raymond Domenech). L'effet prend des formes caricaturales quand le processus est répétitif et quasi obsessionnel : il y aura une forme de plaisir à contredire, à s'opposer, à critiquer avec le risque d'aller trop loin et de s'engager à tenir des positions « impossibles ». Ces personnalités sont parfois amenées à produire des démentis, à corriger leurs propos ou à s'obstiner en assumant leurs réponses.

Toute amélioration en la matière passe sûrement par un travail de *prise de conscience*, un travail de déprogrammation qui consiste à faire reculer la tendance à contrer au profit de l'exercice du *questionnement.* On est en voie de gagner la bataille d'une écoute plus active au quotidien quand on questionne là où l'on avait comme seul réflexe l'envie de s'opposer.

Exemple de comportement réactif

– Ce nouveau logiciel n'est pas pratique.
– Mais s'il est pratique, tous tes collègues savent l'utiliser.
– Il faut un peu de temps pour s'accoutumer.
– Je n'ai pas de temps disponible en ce moment.
– Il y a des journées de formation proposées aux utilisateurs.
– Ça ne suffit pas...

Dans ce fragment de dialogue, l'attitude réactive polarise l'écoute au point de conduire invariablement vers une contestation systématique.

L'objectif est de réorienter le dialogue vers une attitude questionnante :

– Ce nouveau logiciel n'est pas pratique.
– En quoi il n'est pas pratique ?
– Certaines fonctions ne sont pas faciles à ouvrir.
– Lesquelles ? Etc.

Dans cette seconde version, le dialogue prend une toute autre tournure. En cherchant à questionner au lieu de s'opposer le processus interactif devient plus éclairant et les chances de bien comprendre et de trouver des solutions augmentent.

2.2 Ne pas être projectif

Être projectif, c'est voir l'autre à partir de soi. On parle d'effet de halo. C'est soumettre l'interlocuteur à son propre avis. Les gens projectifs ne posent que des questions de requête : ils cherchent à forcer l'acquiescement par des suggestions interrogatives (Est-ce que vous ne pensez pas que... ? Qu'est-ce que vous préférez comme couleur, le bleu ?...).

Être projectif, c'est privilégier les interventions sur le mode du « moi, je... » comme pour parler à la place de l'autre : « Moi je te vois bien te lancer dans ce projet… Tu as intérêt à mon avis à choisir une formation qualifiante… Tu es bien installé dans ce bureau… ? »

Faire des projections réduit la possibilité d'un dialogue plus ouvert et plus libre. **Être projectif, c'est créer une pression qui restreint l'expression et peut provoquer le risque de rejet brutal (pas du tout, absolument pas, ce n'est pas ça, ça n'a rien à voir).**

La boucle est bouclée : être projectif peut entraîner ou la réactivité systématique (blocage) ou l'approbation feinte (malentendu) pour qui n'ose pas s'opposer. La projection est donc incompatible avec une conception saine de l'écoute active au service d'un dialogue qui veut préserver l'effort de compréhension mutuelle. Quand on est projectif, on n'entend que les réactions de quelqu'un qui a tendance à se défendre ou se justifier, du fait de l'ingérence des interventions projectives.

Exemple de comportement projectif

C'est ce qui est arrivé au journaliste de Canal + dans l'émission de Laurence Ferrari, Dimanche +, comme le montre ce fragment d'interview du ministre du Travail, Xavier Bertrand, en pleine négociation sur les régimes spéciaux de retraite, en octobre 2007 :

Le journaliste : « Qu'est-ce qu'il vous a dit le Premier ministre, de ne pas lâcher ? »

Xavier Bertrand : « Si maintenant vous faites les questions et les réponses !… Le problème, c'est que vos réponses ne sont pas bonnes. »

Confirmation, donc qu'il y a bien du risque à être projectif : en suggérant une réponse, on parasite le dialogue et on s'engage dans un échange peu productif. L'interlocuteur n'a plus qu'à contredire, ce qui peut contribuer à l'aider à se détourner de la question. Ce n'est pas avec cette interview à la sauvette dans un escalier que l'on saura finalement ce qu'a pu dire le Premier ministre à Xavier Bertrand. Et c'est peut-être ce qui aurait intéressé les téléspectateurs.

3. L'écoute questionnante

Les questions constituent les aiguillons du dialogue. Elles naissent dans l'écoute de l'autre en grande partie. Il y a une grande surprise chez bien des adultes en formation à découvrir qu'ils ne maîtrisent pas vraiment le questionnement. À vrai dire, l'école nous a plus appris à répondre à des questions qu'à les poser. Il n'est pas évident non plus d'admettre que la nature et la qualité des réponses que l'on récupère dépendent largement du type de question posée et d'autres variables comme l'intonation, les mimiques ou les gestes qui accompagnent la parole.

Poser une question est la recherche d'un accès à l'autre et l'exercice n'est pas sans risques :

– introduire le trouble ;

– blesser ;
– choquer ;
– faire effraction.

À l'inverse les questions fondent la volonté de :
– créer l'échange ;
– donner la parole ;
– montrer de la reconnaissance ;
– donner de l'importance ;
– permettre l'expression des opinions ;
– donner l'occasion de réagir.

« On ne nous a même pas posé la moindre question », est un aveu assez cruel qui établit un jugement légitime et sévère sur le déséquilibre d'un échange. Cet aveu est aussi regrettable que le constat inverse : « On n'a même pas pu poser une question ! »

Plus que jamais, l'écoute questionnante apparaît donc comme une des conditions à remplir pour qui veut proposer un dialogue riche et participatif !

En résumé

Avoir une écoute questionnante, c'est assurer à la fois :
– la prise en compte de l'autre ;
– l'approfondissement de l'échange ;
– le désir de mieux comprendre et se comprendre ;
– le sentiment de partage à travers la communication.

3.1 L'impact des questions ouvertes et fermées

Les questions ouvertes et fermées font partie de nos habitudes langagières. Cela veut dire qu'on les utilise sans trop s'interroger sur leur fonction, leur rôle dans le dialogue et leur impact sur notre interlocuteur. Pourtant selon leur usage et leur dosage, elles donnent une tournure à la communication qui s'établit. Mieux vaut ici y voir clair car un exercice déséquilibré ou inapproprié des questions ouvertes et fermées peut avoir des effets gênants dans l'échange.

Les questions fermées

Elles ne créent pas le dialogue, elles ont pour but de collecter de l'information, de solliciter l'engagement de l'interlocuteur, de l'amener à se positionner ou à choisir.

On peut distinguer trois types de questions fermées :

◆ **Les questions alternatives** sur le mode « est-ce que... êtes-vous... avez-vous ? » qui déclenchent le « oui ou le non » et souvent un peu plus (commentaires, explications, justifications). Elles amènent à s'engager, prendre position, affirmer ou refuser. Elles prennent une tournure brutale et autoritaire quand elles sont marquées par la forme insistante : « Est-ce que oui ou non, vous êtes d'accord pour relancer ce projet ? » Les questions alternatives cherchent à engager l'autre dans une posture d'accord ou de désaccord. C'est le signe d'une écoute exigeante qui veut y voir clair, notamment quand l'autre justement tarde ou évite de se déterminer (« Est-ce que tu viens finalement ? Est-ce que tu es d'accord ? Est-ce que vous êtes prêt à signer ? »). Cette forme d'écoute questionnante est un aiguillon pour les décisions : elle provoque le passage possible des paroles aux actes (« Oui, on s'en va, oui on poursuit cette activité, oui on continue la grève...).

◆ **Les questions informatives.** On les appelle encore « questions précises » à juste titre. Leur fonction est de collecter de l'information ; elles permettent de *renseigner* un dossier. Elles apportent des éléments factuels et sont les bons leviers quand il s'agit de faire un diagnostic (entretien médical) ou de conduire un audit.

La gamme des questions informatives est assez restreinte : qui ? Quand ? Où ? Combien ? Lequel ou laquelle ?

Exemples de questions informatives

– Qui est responsable de ce projet ?
– Quand avez-vous installé ce matériel ?
– Combien vous a coûté ce crédit ?
– Où avez-vous acheté ce bureau ?
– Laquelle de ces marques préférez-vous ?

Ces questions appellent des réponses courtes. Cependant, elles ne sont pas forcément entendues pour ce qu'elles sont et font parfois l'objet de développements inattendus, hors sujet comme dans l'exemple suivant :

Exemple de dialogue avec questions informatives

– Quand avez-vous fait construire cette piscine ?
– En réalité on a d'abord visité des expositions, puis on a interrogé des amis. On a mis pas mal de temps avant de nous décider...
– Mais quand l'avez-vous faite construire ?
– Au printemps 2007 ; on l'a inauguré à Pâques !

Cet exemple montre que la requête du questionneur ne coïncide pas forcément avec le ressenti du questionné qui a envie de raconter son aventure d'acheteur. Il suffit dans ce cas de reposer telle quelle sa question et on obtient en général la réponse souhaitée. On aurait tort cependant de négliger le *détour*: il fait certainement sens plus fortement pour le questionné que la simple annonce de la date de construction. Ainsi beaucoup de choses peuvent se jouer dans les approximations du dialogue. La parfaite et permanente cohérence question-réponse est sûrement un leurre. Même pour les questions informatives qui invitent pourtant en général à une réponse précise. Il convient d'« entendre » ce qui se dit au-delà de ce qui était demandé.

On notera la forme d'exigence que manifeste une écoute questionnante utilisatrice de questions informatives : elle permet d'éviter des malentendus ou des interprétations d'énoncés imprécis dont on croit pouvoir se contenter (peut-être parce qu'on se croit autorisé à les traduire nous-même en fonction de notre propre logique ou croyance personnelle).

L'exemple suivant le montre :

Exemple de dialogue avec questions informatives

– Cela fait longtemps que l'on ne travaille plus avec IBM !

– Ah bon ! Vous avez choisi Apple à la place ?

– Oui, c'est ça, on a été convaincu par la convivialité du produit.

– Vous avez sûrement pu mesurer la différence.

– Oui, en dix ans, on a fait le tour de notre nouveau système.

– Ah bon ! Cela fait dix ans que vous avez abandonné IBM. Je n'imaginai pas tout ce temps.

On constate que la première affirmation aurait mérité l'appui de la question informative « combien ? » pour éclairer l'adverbe « longtemps ». Nous ne donnons pas aux mots le même sens : dans un certain contexte « longtemps » peut vouloir dire 2 ou 3 ans pour quelqu'un quand l'autre pense 10 ans ! C'est la fonction des questions informatives de rapidement renseigner les événements.

◆ **Les questions à choix multiples.** Appelées encore questions « cafétéria », ces questions sont particulièrement utilisées lors des sondages, des enquêtes, des interviews journalistiques et aussi par les vendeurs qui les apprennent lors des stages de formation à la vente [3].

Elles offrent plusieurs réponses (au moins deux) et sollicitent le libre arbitre dans un cadre restreint.

3. Elles sont très utilisées dans le marketing téléphonique (ventes d'abonnement, prise de rendez-vous pour l'achat de cuisines, de voitures, d'assurances, d'offres de défiscalisation…).

Elles aident, mais en aidant elles guident les réponses, au point d'enfermer l'interlocuteur peu sûr de lui ou pas à l'aise dans un choix qui n'aurait peut-être pas été le sien.

Elles captent l'attention de l'interlocuteur plus ou moins consciemment obligé de se concentrer sur la liste de propositions qu'on lui fait, au point de ne plus penser à la réponse *personnelle* qu'il aurait pu faire.

Exemple de dialogue avec questions à choix multiples

– Les français achètent de plus en plus de voitures japonaises, personnellement je ne suis pas d'accord !

– Les français préfèrent les japonaises pour des raisons d'esthétique, de fiabilité, de coût…

– Ils pensent qu'elles sont mieux équipées, je n'en suis pas sûr.

– Vous n'en êtes pas sûr parce que vous n'en avez jamais possédé, parce que des amis vous l'ont dit ou parce que vous vous êtes renseigné ?

– Oui, j'ai déjà été chez un concessionnaire pour me renseigner. Elles sont bien équipées mais sont plus chères…

– Plus chères à l'achat ou à l'entretien ?

– Plus à l'achat, un peu moins sûrement à l'entretien car on dit qu'elles sont plutôt fiables.

Ce fragment de dialogue illustre les effets d'un usage sûrement excessif des questions à choix multiples. Pour l'interlocuteur, l'échange prend la forme d'un *labyrinthe* : il va d'options suggérées en options suggérées. Au risque de s'y perdre. En apparence il est aidé, guidé, orienté. Bien sûr il choisit mais on lui propose une sorte de choix forcé. Pour s'en sortir, il faut que l'interlocuteur fasse preuve d'une écoute lucide capable de démasquer le processus, seule condition pour s'affirmer hors du choix proposé comme dans l'exemple ci-dessous.

Exemple de dialogue avec questions à choix multiples

– Préférez-vous que l'on se voit lundi, mardi ou la semaine prochaine ?

– Non, nous devons mieux étudier l'offre que vous nous avez adressée avant de nous rencontrer.

– Dans ces conditions souhaitez-vous que l'on vienne vous voir le 15 ou que nous vous rappelions dès lundi pour fixer une date.

– Nous vous informerons par mail de la suite que nos comptons donner, merci.

À l'évidence, les questions à choix multiples exercent une certaine pression pour inciter l'interlocuteur à s'engager. Elles illustrent une forme d'écoute questionnante particulièrement orientée en formulant des hypothèses de réponses à choisir. Si l'interlocuteur répond dans le cadre du choix proposé, on peut toujours se demander si la réponse n'a pas été forcée, du fait de l'exclusion implicite d'autres options.

En résumé

Les questions fermées ne créent pas vraiment le dialogue. En revanche, elles assurent une bonne collecte d'informations, utile pour bien renseigner avec précision une affaire. Dans la forme « questions à choix multiples », elles assurent un quasi quadrillage systématique des réponses attendues. Dans la forme alternative (est-ce que...) elles poussent à un engagement clair (« Oui, je suis d'accord pour reporter la réunion... »). À forte dose, elles créent une situation d'interrogatoire.

Les questions ouvertes

Leur vocation est de créer le dialogue. Elles donnent la parole sans orienter la réponse. En revanche, elles posent l'exigence d'une réponse à une question qui peut se révéler embarrassante. Le questionnement ouvert se révèle assez directif.

Trois configurations de questions ouvertes apparaissent dans la langue française comme les plus représentatives de ces véritables aiguillons du dialogue destinés à donner à l'échange une dimension élargie, approfondie, descriptive ou explicative.

◆ **Le registre « Que, quel, qu'est-ce que ? »** La question « qu'est-ce que... » illustre dans le sens le plus élaboré la fonction des questions ouvertes. Elle appelle une explication, un engagement, une description :

Exemples de questions ouvertes

– Qu'est-ce qui vous intéresse dans ce poste ?
– Qu'est-ce qui s'est passé dans la réunion hier soir ?
– Qu'est-ce que vous attendez de moi ?
– Qu'est-ce qui vous fait peur ?
– Qu'est-ce que le client vous a demandé ?

Les questions ouvertes sollicitent souvent une réponse étayée, développée et structurée. *Entendre* une question ouverte, c'est à la fois décrypter le sens d'une demande et très vite sélectionner les éléments d'une réponse plus ou moins développée, tout en s'efforçant de les organiser (par exemple quand on répond en deux ou trois points).

Exemple de dialogue avec questions ouvertes

– Qu'est-ce qui vous a plu dans ce film ?
– Trois choses. D'une part le scénario très imprévisible, ensuite le rôle du concierge tout en nuances, enfin le dénouement surprenant et plein de rebondissements rapides.

Enfin, poser une question ouverte, c'est se préparer à une écoute concentrée pour *entendre* une pensée qui s'élabore à partir de l'impulsion du « qu'est-ce que ? »

◆ **Le registre « Comment ? ».** La question ouverte « Comment ? » est une question de belle facture dans la mesure où elle s'intéresse à du vécu, des explications ou des narrations.

> **Exemples de questions ouvertes**
>
> – Comment s'est passé le week-end ?
> – Comment avez-vous réagi à l'annonce de votre promotion dans une nouvelle fonction ?
> – Comment l'équipe a gagné ?
> – Comment comptez-vous redresser la situation ?
> – Comment tu relances la machine ?

Les réponses plus ou moins développées appellent une écoute attentive : l'interlocuteur est amené à se livrer de façon souvent concrète. Le « comment ? » renvoie à des faits mais surtout des commentaires, du ressenti (« Mais comment as-tu réagi ? Comment vous sentez-vous ? »). Bien que banalisée, la formule « comment ça va ? » marque une invitation à exprimer des émotions, des sentiments, un bien-être ou un mal-être...

Enfin la question « comment ? » (dans « Comment ça s'est passé ? ») donne accès à la réalité d'un vécu et des commentaires associés, soit autant de matériaux intéressants pour qui veut écouter, entendre pour comprendre sans trop d'interventionnisme suggestif (comme dans « Ça n'a pas l'air d'aller ? »).

◆ **Le registre du « Pourquoi ? ».** Le « pourquoi ? » s'impose à chaque fois que nous cherchons à accéder à des raisons, des causes, des explications. Le « pourquoi ? » engage et expose puisqu'il s'agit de « rendre compte », si ce n'est « rendre des comptes ». Si le « pourquoi ? » paraît bien légitime dans de nombreuses circonstances (obtenir les explications d'une décision par exemple) il apparaîtra inquisiteur dans différents contextes délicats (fautes, accidents, angoisse, doutes...). Le « pourquoi ? » (souvent renforcé par une intonation accusatrice) met en demeure l'interlocuteur de fournir une explication. Pire, dans les habitudes langagières, le pourquoi dans la tournure négative retentit d'emblée souvent comme un *reproche.*

> **Exemples de questions ouvertes**
>
> – Pourquoi tu ne m'as pas prévenu ?
> – Pourquoi vous n'avez pas terminé ce rapport ?
> – Pourquoi vous n'avez pas réussi à le prévenir ?
> – Pourquoi vous n'êtes pas à l'heure ?
> – Pourquoi tu n'as pas appris ta leçon ?

Avec le « pourquoi », et *a fortiori* un enchaînement de « pourquoi », l'écoute questionnante devient une écoute investigatrice, inquisitrice, accusatrice. Elle appelle une attitude défensive et amène l'interlocuteur à verser dans la justification et dans les cas extrêmes dans le recours à la mauvaise foi et aux mensonges pour se défendre.

On pourra relativiser ou nuancer cette forme de questionnement par l'usage d'autres tournures comme « Pour quelles raisons ? » ou « Qu'est-ce qui explique ? » ou « Qu'est-ce qui vous a amené à... ? ». Notons cependant qu'un bon fonctionnement du « pourquoi ? » (« Pourquoi tu préfères cette marque d'ordinateur ? Pourquoi tu t'es inscrit à ce cours de musique ? Pourquoi tu préfères ce restaurant japonais ? Pourquoi tu aimes ce spectacle ? ») est prometteur dans le dialogue : confiance, partage, liberté d'expression, richesse de l'analyse, clarté des opinions, souci de se faire comprendre, envie de bien s'expliquer, volonté pédagogique, incitation à l'approfondissement de l'échange.

Par ailleurs, l'usage du « pourquoi ? » appliqué à des émotions ou des sentiments nécessitera une écoute prudente (« Pourquoi tu m'aimes ? Pourquoi tu as peur ? Pourquoi tu pleures ? »). En effet, le « pourquoi ? » appelle un faisceau d'explications causales nécessitant un minimum de recul et de distance. Certains « pourquoi ? » de ce type appliqué sur un vécu sensible peuvent mettre mal à l'aise et s'avérer très contre-productifs. Questionner ainsi c'est prendre une posture de *pouvoir* et parfois de *jugement*. Mieux vaut dans certains cas accepter l'expression d'une émotion, aider sa manifestation et éviter à chaud d'en exiger un effort de rationalisation au-dessus des moyens de l'intéressé, ici et maintenant.

En résumé

Au total, les questions ouvertes donnent à l'écoute questionnante une orientation *participative* sans trop influencer les réponses mais en imposant leur propre existence. L'interlocuteur aurait-il abordé les raisons qui expliquent son refus de donner suite à un projet si on ne lui avait pas justement demandé « pourquoi ? ». Il convient donc d'être prudent avec les questions ouvertes. Il peut être utile de prévoir une provision de questions ouvertes dans certains types d'entretien en s'interrogeant sur l'utilité, la pertinence et la nécessité de poser celle-ci plutôt que telle autre.

3.2 Les questions à « effet miroir »

On appelle questions à effet miroir toutes celle qui travaillent sur les réponses reçues afin de les approfondir, d'aller plus loin, donc d'en faire dire plus. Elles supposent évidemment une bonne écoute concentrée puisqu'elles prennent appui sur ce que vient de dire l'interlocuteur. Deux familles de questions de ce type méritent d'être distinguées, les questions relais et les questions-écho.

Les questions relais

Elles consistent à relayer ce qui vient d'être dit en réorientant la réponse par le jeu d'interventions destinées à guider la conversation.

Une dizaine d'expressions remplissent cette fonction : c'est-à-dire ? Par exemple ? En quoi ? En quel sens ? Par rapport à quoi ? Dans quel domaine ? Sur quel plan ? Dans quel cas ? Sur quels critères ? Dans quelle mesure ?

On peut ajouter la tournure plus imprécise : à quel niveau ?

Ces questions permettent d'accéder à ce qui sert d'étayage à ce qui a été dit, notamment quand il s'agit d'une opinion. D'ailleurs les questions relais permettent de passer d'une pensée spéculative à une explication factuelle. C'est le cas dans le fragment de dialogue suivant :

> **Exemple de dialogue avec questions relais**
>
> – Ce matériel n'est pas pratique !
> – En quoi n'est-il pas pratique ?
> – Le système de sécurité est peu accessible !
> – C'est-à-dire ?
> – Le précédent était positionné en façade, là il faut une clé pour y accéder...

Les questions relais jouent dans le dialogue le rôle des panneaux de circulation sur les routes. Elles fournissent des indications pour poursuivre l'échange et très souvent donnent accès aux faits à partir d'une opinion :

> **Exemple de dialogue avec questions relais**
>
> – C'est n'est pas fonctionnel !
> – Dans quelle mesure n'est-ce pas fonctionnel ?
> – On ne peut pas poser ce matériel sur une table.

Les questions relais exercent une sorte de *poursuite* qui caractérise une écoute questionnante soucieuse de précisions, d'explications, d'informations. Elles sont le signe d'une volonté d'approfondissement et de compréhension et particulièrement utiles quand l'interlocuteur reste flou et approximatif. Certaines situations d'écoute lors d'entretiens à fort enjeu (audition par un juge d'instruction, enquête, consultation médicale...) nécessitent le recours à cette famille de questions car le besoin de précision s'impose si on veut garantir un diagnostic, un avis ou un jugement le plus fondé possible. De ce fait les questions relais déployées à forte dose peuvent être assez douloureuses pour qui voulait ou avait intérêt à rester dans le vague. Les questions relais peuvent autant permettre à quelqu'un de donner un bon développement à sa pensée, ce qui est avantageux pour lui, que le contraindre à se livrer avec plus de précision qu'il ne le souhaitait. En ce sens, elles ont une fonction décapante et confirment le caractère incisif de cette forme d'écoute questionnante quasi « chirurgicale ».

Les questions-écho

Elles consistent à répéter sur un ton interrogatif (donc légèrement montant) tout ou partie de ce qui vient d'être dit et donc « entendu ». Ce procédé fonctionne comme une invitation à en dire plus de façon libre. C'est ainsi faciliter les associations libres.

Cette forme d'écoute questionnante rappelle l'attention flottante définie par S. Freud.

Exemple de dialogue avec questions-écho

– J'ai été déçu de la réunion d'hier soir !
– Déçu ?
– Oui, il n'y a pas eu de décision concernant le budget pour l'investissement prévu !
– Pas de décision ?
– C'est toujours pareil, ce n'est pas clair... Bien sûr il n'y a pas eu de refus mais on reste dans l'attente...
– Dans l'attente ?
– Eh bien oui, de la prochaine réunion du comité, c'est-à-dire pas avant le 15 mars. J'avais imaginé autre chose compte tenu des promesses...
– Des promesses ?
– C'est de ma faute, j'aurais dû aller voir le président moi-même pour avoir des garanties. En fait je n'ai pas confiance dans ce comité. C'est toujours pareil. Certains craignent que j'obtienne l'accord du président en direct. Alors ils font durer avec de bonnes raisons... J'en ai un peu marre...

Par le jeu des questions miroir successives on arrive à quelques confessions inattendues qui donnent accès au *ressenti* de l'interlocuteur.

Les questions écho permettent de découvrir ce qui se cache derrière les mots ordinaires qu'on aurait tort de ne pas « entendre en écho » :

Exemple de dialogue avec questions écho

– Ce refus n'est pas important.
– Important ?

> – Écoute, la semaine dernière j'ai posé une question bien plus importante. Quand allons-nous recruter un chef de rayon pour remplacer André ? Pour l'instant, on galère et on ne sait rien. On ne pourra pas demander à Françoise de faire le boulot indéfiniment. Ça me paraît important d'être communiqué à la direction. En revanche, le refus concernant la formation des collaborateurs est bien plus secondaire. Ce n'est pas ça qui est important !

Pour pratiquer les questions en écho, il convient d'être centré sur ce que l'autre dit et de faire preuve d'une bonne écoute intuitive : sentir qu'il y a quelque chose derrière qui attend peut-être d'être dit mais qui ne vient pas si facilement. Les questions en écho laissent libres les prolongements à donner. Elles *donnent à penser*. En ce sens, elles jouent un rôle *facilitateur* dans le dialogue. Avec les questions en écho, l'écoute questionnante se fait accompagnante.

En résumé

Par leur effet miroir, les questions relais et en écho donnent une continuité au dialogue en prenant appui sur ce qui est dit pour solliciter ce qui n'est pas dit spontanément.

L'écoute questionnante suppose donc une bonne maîtrise du registre du questionnement que l'on peut présenter, pour simplifier, comme un carré des ressources utiles pour une écoute active.

Questions fermées	**Questions relais**
Questions ouvertes	**Questions-écho**

Progresser en aisance, c'est donc :

– prendre conscience de la fonction des questions (la réponse que l'on récupère dépend plus qu'on ne le croit de la nature de la question posée) ;

– s'entraîner à varier les registres ;

– veiller au dosage de chaque question ;

– tenir compte de la situation et de la personnalité de l'interlocuteur pour régler le questionnement (par exemple, avec quelqu'un d'assez allusif, il pourra être utile de renforcer l'usage des questions relais).

4. Les techniques de régulation

Si les questions permettent de faire parler, d'entretenir la conversation et les échanges en général (face à face, réunion, discussion de groupe, dialogue téléphonique...), il convient de s'occuper des réponses et, pourrait-on dire, de leur accumulation. Tout ce qui a été dit et échangé forme un tout disparate et, en tout cas, discontinu. Faire preuve d'écoute active, c'est donc, non seulement questionner pour impulser l'interaction, mais c'est aussi assurer une certaine régulation de ce qui est dit.

Réguler le flot conversationnel, c'est pratiquer la reformulation, c'est donner de l'information en retour (« feed-back »). La capacité à reformuler est un signe fort d'écoute active : elle prouve que ce qui a été dit a été retenu et demande à être validé.

La reformulation

Reformuler répond à plusieurs objectifs :
- apporter de la clarté dans l'échange ;
- vérifier qu'on s'est bien compris ;
- assurer une progression à l'entretien ou à la discussion de groupe ;
- faciliter la mémorisation des choses entendues ;
- confirmer l'attention portée à l'interlocuteur.

C'est pourquoi les techniques de reformulation qui permettent une régulation du flot de l'échange (à l'instar des écluses sur une rivière), méritent d'être décrites pour être mieux maîtrisées. D'autant plus qu'on s'est trop abusivement contenté de formules passe-partout comme « Si je vous comprends bien... », alors qu'il existe un outillage très riche de reformulations à géométrie variable, en fonction du sens que l'on donne à ce type d'intervention.

On a en effet constaté un usage intempestif et maladroit de la reformulation « Si je vous comprends bien... » (technique souvent apprise en formation et mal présentée ou mal assimilée).

C'est le cas dans l'exemple suivant :

> **Exemple d'usage intempestif de reformulation**
>
> – Nous allons développer un système de points de vente en franchise et créer vingt sites dans les deux ans qui viennent !
>
> – Si je comprends bien, vous allez créer un système de points de vente en franchise...
>
> – Oui, ce n'est pas clair ? Ça vous pose un problème ?
>
> – Non, non, je vois...

Reformulation pas très heureuse qui montre que reformuler, ce n'est pas s'annoncer comme le « perroquet » de service (à ne pas confondre avec « l'effet miroir » des questions vues ci-dessus).

On peut distinguer quatre grandes catégories de reformulation qu'une bonne écoute active incitera à utiliser à bon escient :
- la reformulation sur le contenu ;
- la reformulation sur le processus de l'échange ;
- la reformulation-interprétation ;
- la reformulation sur le ressenti.

4.1 La reformulation sur le contenu

Elle se partage en deux familles.

La reformulation-résumé

C'est la plus simple, la plus courante et la plus scolaire. En effet, elle a occupé une place très importante au cours de la scolarité, le plus souvent à l'écrit (exercice du résumé).

À l'oral, elle est plus exigeante : elle consiste à capitaliser sur ce qui a été dit avec un effort de brièveté et d'objectivité. Les meilleures reformulations-résumé sont concises. Elles peuvent nécessiter l'appui d'une bonne prise de notes. Elles interviennent en toute fin d'échange ou bien, de façon partielle, en suivant le découpage des phases de l'entretien ou de la réunion. Dans une présentation moderne plus dynamique, on parle de « points clés » à retenir. Dans le cadre de négociations, on évoque « le relevé de décisions ».

Bref, c'est ce qu'il convient de retenir, ce que l'on met en commun par capitalisation, d'où l'interpellation nécessaire pour susciter l'accord : « En résumé, je retiens que... Est-ce que c'est bien ça ? »

La reformulation-clarification

C'est elle qui a été un peu galvaudé avec le recours exagéré à la formule : « Si je vous ai bien compris... » Elle devrait s'utiliser à bon escient quand il y a quelque chose à clarifier. Donc lorsque le propos n'est pas clair ou qu'il est imprécis ou incomplet...

Exemple de dialogue avec une reformulation-classification

– Il y avait pas mal d'absents à la réunion. Cela a perturbé le déroulement. On a dû passer plus vite quand les responsables de projets n'étaient pas là...

– Si je comprends bien, vous n'avez pas pu respecter l'ordre du jour établi...

– C'est ça. Il faudra en tenir compte dès la prochaine réunion...

Cette reformulation contribue à une bonne écoute active dans la mesure où elle marque le souci de valider la bonne compréhension de ce qui se dit. Elle a une fonction d'explicitation en appelant l'interlocuteur à participer à l'effort de précision demandé.

En résumé

Les reformulations-résumé et clarification offrent de bonnes garanties pour un dialogue construit sur des bases solides, claires et partagées. Elles confèrent à cette forme d'écoute active une tournure très *constructive* et en même temps *coopérative* (être au clair et sur la même longueur d'ondes).

4.2 La reformulation sur le processus de l'échange

C'est la reformulation dite de recentrage. Celle-ci ne porte pas sur le contenu de ce qui se dit mais sur l'organisation de l'interaction. C'est le réflexe du « Revenons à..., reprenons sur..., passons à... ».

Ce type de reformulation correspond à une volonté de pilotage. Il peut se faire à vue, au « feeling » (conversation à bâtons rompus) ou en référence à une structure annoncée préalablement (ordre du jour d'une réunion, plan d'un entretien, canevas d'une discussion).

Le recentrage opère quand il y a une dérive, un enlisement, une diversion.

Exemple de recentrage

– Les aspects financiers ne doivent pas être négligés, mais il nous faut regarder de près le respect des normes de sécurité. Le montage de la passerelle exige l'application stricte des consignes du fabricant. À ce jour, nous ne savons pas exactement le modèle qui sera livré...

– Revenons aux aspects financiers puisque nous devons prioritairement tenir compte du budget alloué... Ensuite, nous prendrons les décisions qui conviennent au plan technique et sécurité...

Faire preuve d'écoute active, c'est toujours savoir situer d'où on est parti, où on en est et vers quoi on va, notamment pour des échanges structurés à objectifs précis.

C'est dans ce contexte que des recentrages ou des reprises s'avèrent nécessaires. L'esprit de méthode peut nourrir avantageusement l'écoute active. Il s'agit de procéder par ordre avec une certaine discipline. Lors d'un échange plus conversationnel, ce type de reformulation se fait plus par rapport à un ordre préalablement établi mais en fonction d'ouvertures, de développements, d'opportunités. Il suffit de « regarder dans le rétroviseur » (savoir d'où on vient, ce qui a été dit) pour se frayer un chemin et faciliter l'expression vers des destinations parfois inconnues (à l'instar de l'écoute du psychanalyste). La reformulation-reprise permet les *rebonds*, elle donne un rythme à l'échange et canalise en fonction des aspérités, des obstacles ou des facilités prometteuses (on sent que l'interlocuteur a envie de parler de ça, d'en dire plus...).

4.3 La reformulation-interprétation

Ce type de reformulation permet de travailler sur le non-dit présumé du discours. C'est oser reformuler ce qu'on croit comprendre mais qui n'a pas été mis en mots. Il s'agit d'une grosse prise de risques. Elle peut éclairer un entretien en facilitant ce que l'autre ne pouvait ou ne voulait pas dire (réaction de soulagement).

Exemple de dialogue avec une reformulation-interprétation

– En juin, la première semaine va être chargée, on reçoit le projet des anglais, on fait un aller et retour dans l'établissement de Marseille et il faut boucler le tableau de bord des commerciaux...

– En d'autres termes, tu ne pourras pas terminer le rapport d'audit ?

– Ben, écoutez, oui c'est ça... Je n'osais pas trop vous le dire, mais il faudrait retarder la remise de ce rapport. Ce serait plus sage...

Dans d'autres circonstances, la reformulation-interprétation bute sur un désaccord et oblige à une mise au point pour rétablir la confiance.

Exemple de dialogue avec une reformulation-interprétation

– La réunion a été difficile, les attentes étaient grandes concernant les réponses aux questions sur les primes.

– En d'autres termes, tu n'as pas su t'en sortir.

– Non, ce n'est pas ça. Au contraire, ils ont regretté que je n'aie pas les informations souhaitées. Ils ont plutôt mis en cause la DRH... Ce n'est pas bon pour le climat social.

Pour ce type de reformulation, il est préférable d'utiliser la formule « en d'autres termes » de manière à montrer que l'on interprète consciemment ce qui a été dit en le traduisant tel qu'on croit (peut-être à tort) le comprendre.

Certaines reformulations-interprétation font mouche et permettent de confondre quelqu'un en obtenant une forme d'aveu par surprise (« Bah, oui, ça ne m'intéresse pas... Non, on ne sera pas prêt le 15... »).

Notons cependant le risque d'enlisement dans la mauvaise foi quand la reformulation-interprétation est vécue comme une intrusion qui met à nu ce que l'on voulait cacher : l'interlocuteur, pas forcément prêt à assumer ce qui est dévoilé, continue alors à nier l'interprétation insupportable parce que variée. Ce type de reformulation est à pratiquer avec précaution. Elle exige de fortes présomptions autour du non-dit. Elle devrait être rare sauf avec des gens allusifs (habitués à « faire comprendre » plutôt qu'à dire de façon assertive).

Exemple de dialogue avec une reformulation-interprétation

– C'est fou, le lundi matin comme c'est difficile à Orly de trouver rapidement un taxi !

– Tu veux que je vienne te chercher en voiture ?

– Je n'osais pas te le demander... Faut pas que ça te dérange...

4.4 La reformulation sur le ressenti

Cette dernière forme de reformulation porte sur l'expression non verbale (postures, gestes et mimiques). C'est renvoyer en miroir sur l'autre ce que l'on observe et qui « nous parle ». C'est ce que nous faisons dans la conversation ordinaire quand on dit à quelqu'un : « Ça a l'air de te plaire ? Tu as l'air fatigué ? Tu ne voyais pas ça comme ça ? Tu t'attendais à autre chose ? Vous êtes rassuré ? Etc. » Procéder ainsi, c'est entrer dans la bulle d'*intimité* de l'autre et décrypter ce que le corps exprime (joie, anxiété, satisfaction, crainte, étonnement, souci...) à partir d'indices (front qui se plisse, yeux qui s'écarquillent, lèvres qui se pincent, main qui masse la nuque, moue dubitative). Encore faudrait-il posséder une sorte de grammaire des gestes. La sensibilité au langage non verbal est de plus en plus partagée. De nombreux travaux (Turchet, Meissinger, Barrier) ont largement exploité ce filon pour offrir leurs hypothèses de signification des centaines de mimiques et de gestes produits en cours d'interaction.

Écouter activement, c'est voir, observer pour prendre en compte comment le corps traduit les émotions. Procéder ainsi, c'est aller vers une communication *authentique* et totale : elle prend en compte ce qui est dit et aussi ce qui est ressenti par la personne, parfois d'ailleurs à son insu. D'où le risque de se sentir démasqué ainsi que le risque de se tromper sur le sens de l'émotion exprimée. On s'interrogera sur ce qu'apporte une reformulation sur le ressenti : facilitera-t-elle la compréhension mutuelle ? Sera-t-elle acceptée ? Suis-je sûr de mon observation ?

La reformulation sur le ressenti confirme en tout cas une forte *présence à l'autre.* C'est communiquer avec une personne, preuve d'une écoute active et sensible. Notons cependant le risque manipulateur de cette forme de reformulation qui peut désarçonner un interlocuteur se sentant comme pris en flagrant délit de paraître inquiet, par exemple (alors qu'il cherchait à le cacher). La reformulation sur le ressenti peut autant mettre à l'aise qu'affaiblir. Il est donc nécessaire de se dire pourquoi on en prend le risque. Bref, on ne peut ici échapper à la question de l'*intentionnalité.*

En résumé

On retiendra que l'écoute active, si elle est avant tout une affaire d'état d'esprit, de disponibilité, de vigilance, de capacité aux silences, elle est aussi et nécessairement une affaire de techniques bien maîtrisées. Notamment le registre du questionnement gagne à être perfectionné, en particulier les questions à « effet miroir » et les outils de régulation au-delà de la simpliste formule « si je vous comprends bien ». Autant de raisons de travailler à une bonne prise de conscience et à l'appropriation des techniques qui ne sont acquises que lorsqu'elles deviennent des réflexes.

4

CHAPITRE

Connaître les applications de l'écoute

Parce qu'elle est au cœur des relations humaines, l'écoute est une des clés des relations managériales, de la relation client, des relations sociales et familiales et aussi de l'éducation et de la formation. « L'attention avec laquelle nous sommes écoutés féconde notre pensée et la renforce », note avec justesse Francis Girard [1]. Orit Gadiesh, la présidente qui a sauvé le cabinet Bain & Company en 2004, va plus loin : elle estime qu'« écouter est le premier job de tout leader [2] ».

S'il est commode de montrer que l'écoute est une exigence pour bien des fonctions et des activités dans notre société, il est aussi nécessaire de souligner combien le constat de déficience, voire de carence de l'écoute s'avère d'actualité. Écouter devrait être un temps fort majeur de toute relation humaine. Certaines voix s'élèvent pour souligner que l'écoute n'est pas une fin en soi. C'est ce que rappelait Raymond Soubie en observant qu'en « démocratie, il faut écouter le citoyen, mais il appartient aux politiques de l'éclairer et non de le suivre aveuglément » [3].

Cependant, l'exemplarité des responsables politiques en matière d'écoute est loin de faire l'unanimité. On a même parlé à leur égard d'autisme. Pour Olivier Roy, spécialiste du dossier sensible de l'Islam, les dirigeants, sur les domaines qu'ils sont convaincus de connaître, « n'entendent rien, ne tiennent compte d'aucune analyse discordante [4] ».

1. Consultant chez Leroy Dirigeant, Groupe BPI, RHM, Janvier 2006.
2. *Managers, Le Figaro d'entreprises*, 6 décembre 2004.
3. Raymond Soubie, *Liaisons sociales magazine*, Bloc-notes, Épreuves, février 2007.
4. Olivier Roy, propos recueillis par Dominique Lagarde, *L'Express* du 11 mai 2011.

Dans un livre brûlot, l'ancienne ministre Roselyne Bachelot, après la défaite de Nicolas Sarkozy à l'élection présidentielle de mai 2012, notait avec amertume : « notre candidat n'écoute que lui-même et ses conseillers ultraconservateurs? [...] il monopolise la parole et ne laisse pas les gens s'exprimer[5]. »

Ces constatations donnent toute la mesure de l'utile analyse de Françoise Kourilsky[6] : « quand nous laissons l'ego nous gouverner, il inhibe une bonne partie de notre capacité de conscience et de créativité. » Au contraire, quand « la conscience s'exerce, l'ego se retire » et l'écoute redevient possible.

Il n'en reste pas moins que l'écoute s'impose comme la condition de toute vie acceptable en société. **Même si elle n'est pas parfaite, même si elle n'est pas respectée, un tant soit peu d'écoute autorise à espérer un minimum d'entente, d'acceptation et de partage.**

C'est pourquoi à travers notre rôle et depuis la place que l'on occupe (enseignant, élu, technicien, manager, citoyen, artiste, intellectuel, etc.), il est important de s'interroger sur notre pratique de l'écoute. Ce chapitre propose quelques pistes de réflexion sur les applications de l'écoute dans la vie professionnelle, sociale et familiale.

1. L'écoute : valeur ajoutée du manager

L'exercice de l'autorité dans notre société concerne les dirigeants, les cadres, les responsables de la fonction publique, les enseignants. Qui dit autorité dit pouvoir et influence sur les autres. Pas surprenant donc, que la question de l'écoute soit particulièrement sensible où l'autorité s'exerce. Les pratiques de management ont été de tout temps traversées par des mouvements contradictoires en matière de coexistence de l'autorité et de l'écoute.

Pour Bernard Rozès, « une organisation saine et vivante devrait permettre d'identifier et de négocier les contradictions, de nommer et mettre en débat les conflits pouvant exister[7] ». C'est pourquoi l'entreprise doit être conçue comme une organisation capable d'écoute et d'évolution. Mais le chemin sera long si l'on en croit un rapport des délégués départementaux du médiateur de la République, publié en 2011, qui constatait qu'une « culture de l'écoute a disparu » notamment dans les administrations « où

5. Roselyne Bachelot, *À feu et à sang*, Flammarion, Paris, 2012.
6. Françoise Kourilsky, *Se réjouir, s'apaiser, réussir*, Interéditions, Paris, 2010.
7. « Clinique et Management », Contribution de Bernard Rozès, directeur de l'ITEP, *in* Revue *Empan*, Érès n° 78, juin 2010.

la surdité des responsables des services troubles les usagers confrontés à des cas ubuesques[8]... ».

1.1 Les dangers de l'ego tout puissant

Beaucoup de reproches s'alimentent au constat que le manager serait dans sa « tour d'ivoire ». À être trop imbu du pouvoir, on se coupe des autres, on devient inaccessible. On se forge un personnage et un rôle au-dessus des autres. Certains managers reconnaissent avoir vécu cela, d'autres en sont restés là et ont chuté. Le pouvoir tend à isoler, dit-on souvent. Le danger guette car l'isolement contribue à entretenir la *déréalisation*. Et rapidement les décisions du manager qui croit pouvoir fonctionner seul ne sont plus appropriées et la spirale des mauvais résultats menace.

1.2 Les illusions de l'expertise

Celui qui sait semble avoir moins besoin des autres. L'expertise confère une *hauteur* qui rend peu propice les échanges. Peu d'experts sont pédagogues observe-t-on souvent : c'est qu'ils ne cherchent pas à se mettre à la portée des profanes. D'où un recul progressif du sens de l'écoute. Il est dangereux que l'expertise soit vécue comme un *refuge*. On a noté, ces dernières années, dans les entreprises un moindre goût des jeunes ingénieurs pour les fonctions de management et un regain d'intérêt pour les fonctions d'expert. Le relationnel et les nécessaires exigences d'écoute et de recherche d'entente – pour résoudre des problèmes en conciliant des points de vue – semblent rebuter les techniciens et les scientifiques.

L'expert craint l'épreuve relationnelle car c'est se mettre à contribution, s'exposer, prendre le risque de l'interaction : écouter pour comprendre, ajuster, chercher un accord, refuser, accorder... Une certaine peur de soi, peur de ses propres réactions face à un refus, une contestation, des résistances en général, se traduit par un évitement des autres de peur du conflit. L'écoute est alors ensevelie et une forme de surdité s'installe. Elle permet de supporter la situation. Pas d'aggravation, mais pas de résolution non plus. Ce *statu quo* à terme peut coûter cher, car les problèmes s'accumulent ou s'aggravent faute de décision. C'est du côté de l'*affectivité* qu'il faut chercher des solutions ; mieux connaître pour l'expert ce qui lui échappe : l'émotion et ses sources qui coexistent avec étrangeté parfois au côté de l'intelligence (analyse et rationalité). La prise de conscience par un travail sur soi peut aider. Le bénéfice est possible. Certains cadres en milieu high-tech en témoignent : « Règle de base pour travailler dans un climat de confiance : être à l'écoute des autres (mais fermé aux

8. « Une culture de l'écoute a disparu », *Libération* du 17 avril 2011.

ragots) tout en contrôlant ses émotions et ses sentiments ainsi que ceux de son entourage[9]. »

1.3 L'écoute multidimensionnelle du manager

Le rôle de manager confronte à des situations variées qui appellent des réponses sensiblement différentes. Ainsi, le manager doit entendre des problématiques et des demandes singulières qui nécessitent une large compétence d'écoute. Le manager apportera une réelle valeur ajoutée à son équipe ou à un collaborateur s'il est capable de concentrer son écoute de façon préférentielle dans le registre sollicité. On distinguera quatre angles possibles d'orientation pour l'écoute multidimensionnelle :

L'écoute focalisée sur l'analyse

Écouter sous cet angle, c'est privilégier les faits, la logique, la clarification des situations. Cette écoute est centrée sur le « pourquoi ? », sur le repérage des causes et des conséquences. L'écoute focalisée sur l'analyse cherche le sens ; elle cherche à aller au fond des choses, à collecter de l'information, à recouper avec rigueur. Elle se traduit par un déploiement de questions précises pour approfondir les situations sans trop se soucier des personnes. Elle est orientée diagnostic. Elle aide à comprendre pour dresser des constats et des bilans. Elle sert à éclairer la réalité par un travail d'*investigation.*

L'écoute focalisée sur la résolution

Écouter sous cet angle, c'est privilégier l'action, les solutions, la mise en œuvre. Cette écoute est centrée sur le « comment ? » et le « qu'est-ce que ? ». L'écoute focalisée sur la résolution recherche la faisabilité des opérations et s'intéresse au côté pratique de l'action. Cette écoute met en relief tout ce qui engage vers des solutions ; elle privilégie l'aspect organisationnel (planification, calendrier, moyens, méthode utilisée, etc.). C'est une écoute soucieuse des détails utiles qui aime entendre l'expérience parler, car seule l'expérience apporte des épreuves pour garantir l'action. Cette forme d'écoute consiste à passer en revue les étapes et la progression vers l'atteinte des objectifs. Elle est particulièrement pragmatique. Elle peut apparaître très utilitariste, réductrice et seulement soucieuse d'efficacité.

9. Gonzague Rambaud, *Personnel/Carrière*, « Trop d'affectivité complique les relations professionnelles », interview, *Challenges*, 30 août 2007.

L'écoute focalisée sur la coopération

Écouter sous cet angle, c'est privilégier la relation aux autres. C'est prendre en considération les forces et les faiblesses, le ressenti et les sentiments et tenir compte de la qualité de la relation. Cette écoute est centrée sur le vécu ici et maintenant de l'autre (ou des autres). Elle se manifeste par un besoin de partage, un besoin de se sentir bien ou mieux, par une sollicitation de l'adhésion. Elle nécessite un fort dosage d'empathie.

Cette écoute met en rapport ce qui se passe avec des valeurs (au nom de quoi fait-on ou décide-t-on cela ?).

Chaleureuse et mobilisatrice, cette forme d'écoute relève d'une haute sensibilité humaine. Elle est donc particulièrement en prise avec les aspects émotionnels. Elle accorde de la place à la satisfaction, au plaisir mais se veut aussi protectrice, rassurante et réconfortante. Elle manifeste une grande générosité qui peut verser dans une *implication* affective excessive capable de créer une forme de dépendance.

L'écoute focalisée sur la vision

Écouter sous cet angle c'est privilégier l'avenir, c'est se projeter dans le futur. Cette écoute est nourrie par l'imagination… au risque de passer un peu ou beaucoup à côté de la réalité ou de solutions simples et à court terme. L'écoute focalisée sur la vision est plutôt spéculative : elle ne craint pas de donner une dimension élargie aux solutions. Elle est particulièrement propice au travail de mise en projet des idées parce qu'elle ouvre des perspectives tout en s'en tenant plus à l'essentiel qu'aux détails. Elle aime tracer des lignes directrices, voir les choses dans leur ensemble, transformer une suggestion en concept. C'est une écoute élaboratrice qui peut inquiéter parce qu'elle voit loin et se nourrit d'ambition mais ne s'encombre pas de garantie. C'est une écoute qui veut voir grand. En ce sens, elle peut paraître décalée, inappropriée, voire mégalomaniaque, si ce n'est irresponsable. Il y a toujours une part de défi dans cette forme d'écoute.

En résumé

Au total, l'écoute managériale peut être tout autant sollicitée pour :
- approfondir et comprendre un problème ;
- trouver des solutions et les mettre en œuvre ;
- obtenir de l'aide et être pris en compte ;
- réfléchir à l'avenir.

Si le manager dispose d'une écoute multidimensionnelle, il saura se focaliser sur le registre approprié. La réalité montre que nous fonctionnons sur des préférences plus ou moins conscientes, inscrites au fil de notre histoire dans notre personnalité. Et le manager n'y échappe pas.

Être manager, c'est potentiellement pouvoir répondre présent sur chacun des registres identifiés, parce que les besoins sont réels dans la vie de l'entreprise et des équipes sur chacun de ces registres. Voilà qui nécessite une aptitude à *commuter*, c'est-à-dire une lucidité particulière pour venir *entendre en résonance* le besoin (trouver vite une solution, valider une méthode, parler de l'avenir et de projet...). On sait qu'il n'en va pas ainsi, si facilement. Les dysfonctionnements ne sont pas rares : « Je te parle d'un projet pour demain et tu me réponds sur les résultats du mois, tu ne penses qu'à chercher les raisons de ces difficultés quand je t'explique que je ne me sens pas bien dans cette mission qui n'est pas faite pour moi... » Bref, « tu ne m'écoutes pas ».

Plus précisément, on pourrait dire que s'il y a écoute, elle n'est pas focalisée sur le bon registre et le dialogue est improductif. Pour le manager, disposer d'un bon niveau d'écoute multidimensionnelle c'est :

– avoir conscience des quatre registres d'écoute et de son registre préférentiel[10] ;
– répondre dans le registre sollicité ;
– changer si nécessaire de registre de façon transparente pour que la commutation soit partagée (« passons maintenant à la mise en œuvre, ou voyons dans l'avenir ce qu'on pourrait imaginer... »). On constate que l'on n'emmène pas toujours si facilement que cela un interlocuteur là où on veut. C'est faire l'expérience de l'*altérité*. À charge donc de réexpliquer le sens de sa proposition.

En résumé

Si le manager parvient à éviter les risques d'une écoute dominée par un ego tout puissant ou une pure soumission à l'expertise, il peut travailler à enrichir ses registres d'écoute selon qu'il privilégie l'analyse, l'action, la coopération ou l'imagination du futur. C'est sa capacité à prendre conscience de ses propres préférences mais surtout à commuter à bon escient qui vont lui permettre d'apporter une bonne qualité de réponse lors des confrontations avec son équipe. Là est sa valeur ajoutée.

10. Voir les travaux de Ned Herrman, *Les dominantes cérébrales et la créativité*, Retz, Paris, 1992.

2. Les réflexes de l'écoute au quotidien

Sans prétendre exercer une forme d'écoute en rapport avec les pratiques de la psychanalyse ou de l'écoute clinique en général qui consiste à entendre comment l'inconscient peut s'infiltrer dans le discours en vue d'interprétations, l'écoute s'exerce au quotidien prioritairement sur le langage. Et le langage ne représente que les saillies de la pensée, surtout à l'oral. Le langage s'élabore en parlant et se veut être une *représentation* de la pensée plus ou moins fidèle et précise qui ne va pas parfois sans corrections (« Non, ce que j'ai voulu dire c'est... »).

La carte n'est pas le territoire [11]. Le langage fournit des indices et l'écoute au quotidien doit apprendre à faire avec ces indices, c'est-à-dire avec toutes les imprécisions, les pièges ou les ratages...

Les travaux de J. Grinder [12] fournissent une méthode utile, le *métamodèle* qui peut permettre d'acquérir de nouveaux réflexes d'écoute au quotidien, dans le sens d'une écoute plus exigeante, plus précise et globalement plus intelligente. On peut ainsi enrichir son écoute en s'exerçant à mieux entendre les phénomènes courant d'*omission*, de *généralisation* ou de *distorsion* perceptibles dans le langage. C'est le linguiste Alfred Korzyski qui a ainsi prétendu le premier que le langage pouvait s'écarter de l'expérience réelle par le jeu de ces trois processus distincts.

Qu'est-ce que le métamodèle ?

Le langage verbal dresse une carte très approximative d'une sorte de « *territoire des représentations* », qu'on appelle *modèle du monde*. Ce modèle du monde, spécifique à chacun d'entre nous est élaboré et façonnée par notre héritage génétique, notre milieu socioculturel, nos capacités et nos préférences sensorielles, notre histoire personnelle. Ce modèle du monde est *infralinguistique* : c'est une synthèse de toutes les expériences vécues, largement gérées selon les derniers travaux des neurosciences par le cortex droit. « Tout cela donne à chacun de nous une vision du monde, un chant du monde, plutôt subjectifs, déterminés et... uniques. Ce "modèle du monde" de chacun résulte donc d'un long apprentissage très personnel, où expériences, croyances sur nous-mêmes, sur les autres et sur le monde, et comportements sont en continuelle interaction. » [13] Une part d'inconscient est l'œuvre dans cet univers singulier de représentations et peut émerger, pour qui sait l'entendre, au hasard (mais y a-t-il un hasard des mots ?).

11. Voir l'article d'Alfred Korzyski révisé par Bobby Matherne, in *Science et Santé : une introduction aux systèmes non aristotéliciens et l'évolution de la conscience*, publié par l'Institut de Sémantique générale, 5e édition, 3 décembre 2003. *La carte n'est pas le territoire* est le titre du livre majeur d'Alfred Korzyski paru en 1933. A. Korzyski passe pour être le créateur d'une nouvelle science, à cette époque, la sémantique générale.
12. Bandler R., Grinder J., *Les secrets de la communication*, Le Jour Éditions, Collection Actualisation, Montréal, 1982.
13. Pierre Longin, *Agir en leader*, 3e édition, Dunod, Paris, 2006.

> On appelle métamodèle, le langage verbal considéré ici comme le *commentaire de la vision singulière du monde*, c'est-à-dire des représen-tations que nous portons en nous-même. Selon Noam Chomsky, le langage verbal (entendu donc comme métamodèle) serait bien la *structure de surface*, c'est-à-dire ce qui est donné à entendre. Noam Chomsky [14] distingue ce niveau de langage (structure de surface) de la *structure profonde*, en prise sur l'inconscient, qui vient de temps à autres « infiltrer » les mouvements de la surface, c'est-à-dire notre langage verbal ordinaire. L'inconscient participe entre autres à la production des omissions, des généralisations, des distorsions comme des lapsus, pointés par S. Freud dans sa pratique de psychanalyse.

L'écoute au quotidien, dans l'usage de la conversation ordinaire doit donc faire avec le métamodèle et ses vicissitudes. Développer de bons réflexes d'écoute dans la pratique, c'est apprendre à repérer ce qui est donné à entendre par les trois formes fréquentes d'aspérités du langage verbal.

2.1 Entendre les omissions

Quand quelqu'un proclame « J'en ai assez ! », l'omission peut paraître flagrante. Encore faut-il l'entendre. C'est ce qui se passe quand on a le réflexe de répondre « De quoi ? ». Mais ce n'est pas ce qui arrive quand on enchaîne en rajoutant « Je t'avais prévenu que ça durerait plus longtemps que prévu, les réunions n'en finissent pas, chacun veut donner son avis sur tout ! ». Et l'omission non entendue va peut-être quand même émerger si l'interlocuteur mécontent précise : « Non j'en ai assez de présenter des résultats dont tout le monde se moque ! » « Ah bon ! » Ce « Ah bon ! » confirme le caractère surprenant de l'omission pour celui qui ne l'a pas entendu.

Entendre les *omissions*, c'est avoir le réflexe de repérer ce qui n'est pas dit et interroger [15]. Trois types d'omission peuvent être entendus :

Les omissions simples

Il manque un complément d'objet direct ou indirect ou un complément circonstanciel.

Énoncé à omission simple	Question
- Je ne suis pas content ! - Ça n'a pas marché ! - C'est fichu ! - Ça ne lui plaît pas !	- De quoi ? - À cause de quoi ? - Qu'est-ce qui est fichu ? - Qu'est-ce qui ne lui plaît pas ?

14. Noam Chomsky né en 1928 est le fondateur de la grammaire générative et transformationnelle. Auteur scientifique engagé, pourfendeur de la politique étrangère américaine et du rôle des médias dans le monde, Noam Chomsky est l'auteur de nombreux ouvrages et films, dont *Structures syntaxiques* au Seuil, Paris, 1975 et en 2001, chez Fayard, *De la propagande* où il dénonce l'obscurantisme.
15. Voir le chapitre 3, *L'écoute questionnante.*

Les verbes imprécis

Généralement les verbes indiquent une action précise (courir, fermer, s'arrêter). Certains verbes indiquent plusieurs actions possibles ou sont très généraux. C'est le cas de verbes comme travailler, améliorer, essayer, animer, former, réfléchir, communiquer, motiver, professionnaliser, diversifier... Tous ces verbes apparaissent régulièrement dans le langage ordinaire. Avoir un bon réflexe d'écoute, consiste à les repérer et à les interroger .

Exemples de verbes imprécis

– Il faut améliorer l'accueil des clients !
Comment peut-on améliorer l'accueil ?
– En étant toujours au moins deux au comptoir... Ça c'est le plus important !

Les nominalisations

Dans le langage courant on préfère souvent les substantifs à la place des verbes correspondants. Ainsi l'action est changée en information vague et générale. Exemples :

Exemples de nominalisations

– Il faut retrouver de la proximité avec les clients.
– La motivation a baissé.
– La communication passe mal.
– Le management n'est pas à la hauteur...

D'où le réflexe d'écoute à cultiver, interroger les substantifs : qu'est-ce qu'on doit entendre par proximité, motivation, communication, management... hauteur ?

Finalement on peut dire qu'entendre les omissions c'est *écouter en creux*, faire sortir ce qui n'est pas dit. C'est une prise de risque, un pari qui exige un bon niveau d'attention et une bonne maîtrise du phénomène d'omission. C'est tout un apprentissage que d'apprendre à cibler les omissions pour aller chercher du sens, un peu plus de sens en mettant à contribution l'interlocuteur.

2.2 Entendre les généralisations

Généraliser, c'est verser dans la tendance à étendre ce que nous a appris notre expérience à toutes les situations présentant des caractéristiques proches ou similaires. Le bon réflexe d'écoute consiste à traquer les *quantifieurs universels* les plus courants : toujours, jamais, partout, chaque fois, tout le temps, tout le monde, nulle part, chacun(e) et aucun(e), etc.

Les généralisations s'obtiennent encore par l'attribution d'une caractéristique à une catégorie entière de personnes : les étudiants étaient plus courageux autrefois, les patrons ne pensent qu'au profit, les sportifs sont tous dopés, les femmes ne savent pas conduire, ou à un substantif : le travail c'est la santé (selon la formule provocatrice du chanteur humoriste Henri Salvador), les vacances sont toujours trop courtes, les contrats ne sont jamais respectés, la loyauté n'existe plus…

Enfin on évoquera au côté des généralisations, le phénomène des *règles* qui apparaît avec l'usage linguistique des *opérateurs modaux* qui permet de conduire des injonctions et de dicter des comportements. C'est le cas des formules : je dois, je peux, il faut, je ne veux pas que…

Les règles sont fondées sur des raisons implicites et des conséquences non évoquées : il est impossible que… Il est nécessaire de… Il est impensable que… Il est indispensable que…

Le bon réflexe d'écoute consiste à demander : « Que se passerait-il si ? » ou « Au nom de quoi faut-il… ? » L'objectif est d'aller chercher derrière les règles, quelle est la nature de l'étayage implicite d'une telle injonction ou obligation.

2.3 Entendre les distorsions

Il est plus difficile de maîtriser ce réflexe d'écoute car l'aspérité du langage est ici plus subtile. C'est le cas avec les pensées elliptiques :

Exemples de pensées elliptiques

– Ce projet m'inquiète…
– Ça va mal se passer…
– Cette négociation va échouer…
– La chance va tourner…
– L'horizon est bouché…

Il s'agit d'aller décaper une supposition ou une conclusion hâtive. C'est la manifestation d'une pensée hermétique qui fit la part belle à une opinion immédiate non étayée. Il est tentant d'intervenir pour demander « Qu'est-ce qui vous fait dire ça ? » Il serait maladroit de céder ou de prendre systématiquement le contre-pied [16], signe d'une écoute déficiente.

16. Voir le chapitre 3, *La réactivité.*

Les distorsions prennent aussi la forme des sorites [17]. Ce sont des déductions hâtives qui provoquent des malentendus ou des réactions déplacées :

– Le patron veut que tu l'appelles !
– Il n'est pas d'accord avec mes conclusions du rapport d'audit ?
– Non, il veut simplement fixer une nouvelle date de rendez-vous avec toi.

Une telle aspérité renvoie à une certaine forme paranoïaque (peur d'être victime ou accusé de quelque chose de façon excessive). C'est ici supposer en mal le rapport cause-effet. Certaines personnes supposent beaucoup et nous rappellent la judicieuse pensée d'André Gide : « Il y a ce que l'on sait et ce que l'on ignore. Entre les deux, il y a ce que l'on suppose. »

Les bons réflexes d'écoute passent aussi par le repérage du procédé de *lecture de pensée* qui consiste à « marcher dans la tête de l'autre ». C'est ce que font certaines personnes déclarant « Il ne va pas me croire... Je sais bien ce qu'il va dire... Je sais ce qu'il pense du rapport... Elle ne va pas aimer ma façon de lui parler de ce projet... »

En résumé

On insistera sur la prise de conscience des aspérités du langage en tant que commentaires plus ou moins approximatifs de la pensée.
Acquérir de bons réflexes d'écoute au quotidien, c'est apprendre à traiter le langage, le métamodèle, en veillant à repérer les indices qui indiquent des pistes à explorer : les omissions, les généralisations et les distorsions en font partie pour les plus courantes.
Procéder ainsi c'est travailler à diminuer les risques d'incompréhension et en même temps enrichir le dialogue. C'est co-construire une relation plus prometteuse en terme de partage et de confiance. Et même si c'est pour ne pas être d'accord, au moins on s'accepte mieux parce qu'on sait pourquoi !

17. Des raisonnements déductifs sur le mode du syllogisme mais dont il manque une des trois propositions et qui va droit à la conclusion (ainsi trop vite déduite).

3. L'écoute dans l'éducation et la formation

L'éducation et la formation sont des terrains de prédilection pour les applications de l'écoute. À la suite des travaux comme ceux de A. de La Garanderie [18] ou de P. Meirieu [19], on rappellera combien l'attention et l'écoute de l'élève qui apprend sont de première importance pour les approches pédagogues modernes. De même pour la formation des adultes : l'appropriation des techniques et la prise de conscience des potentialités de développement et de changement passent par une écoute réciproque et partagée entre formateur et participants.

3.1 L'écoute est décisive dans tout acte pédagogique

L'enseignant reste trop souvent préoccupé des contenus (dimension cognitive) au détriment des élèves, surtout quand il est un bon expert (en histoire, en physique, en mathématiques, etc.). Or, pour réussir un acte pédagogique il est nécessaire de maîtriser les contenus et d'être préoccupé par les élèves. La classe ne peut plus être qu'un simple lieu de transmission de savoir. Tous les pionniers des pédagogies nouvelles, Cousinet, Freinet, Decroby, ont témoigné de la révélation de capacités insoupçonnées manifestées par les élèves mis en situation de recherche et de demande. Cela suppose l'intégration par les enseignants d'attitudes d'écoute renouvelée :

Écouter au lieu d'expliquer

L'idée est simple pour Jean Artaud, enseignant et formateur, formé aux pratiques thérapeutiques : « Écouter l'élève pour qu'il apprenne » [20]. Et cela ne va pas de soi. Car il s'agit de lutter contre des habitudes ; par exemple, apprendre à écouter au lieu d'expliquer d'emblée.

Procéder ainsi, c'est éviter les risques connus de l'acharnement à expliquer (notamment dans des matières comme les sciences ou la grammaire), avec tous les risques de résistances et de blocages associés. Écouter au lieu d'expliquer c'est investir du temps dans l'accompagnement attentif de l'élève mis en situation de recherche active, c'est écouter l'élève dans son cheminement de pensée. But : faire prendre conscience de ce qui va bien et de ce qui ne va pas dans le raisonnement. En mettant l'élève en situation de découvrir, d'expérimenter il est plus enclin à écouter, questionner, formuler

18. Antoine de La Garanderie, *La pédagogie des moyens d'apprendre*, Édition Le Centurion, Paris, 1982.
19. Philippe Meirieu, *Apprendre oui, mais comment ?*, ESF éditeur, Paris, 1987.
20. Jean Artaud, *L'écoute*, Chronique sociale, 5e édition, Lyon, 2003.

des demandes. La recherche active d'informations, de réponses, de solutions est le chemin le plus efficace de tout apprentissage. De ce fait, le rôle de l'enseignant évolue : si privilégier l'écoute ce n'est pas supprimer l'explication, c'est s'imprégner de l'idée que, qui veut être entendu gagnera toujours à écouter au préalable. Le temps de l'explication viendra de lui-même quand le choix de l'écoute l'a précédé.

En résumé

L'univers de l'école, habitué à transmettre pour contrôler des acquis, se doit d'expérimenter un autre paradigme : écouter avant de dire en privilégiant l'expérience et la recherche active.

Écouter les demandes cachées

Si l'enseignant témoigne de l'écoute à l'élève il permettra à celui-ci d'aborder ce qu'il ressent et pas seulement la difficulté qu'il rencontre. Être écouté permet de s'écouter mieux et de dire en confiance ce qui se passe.

Une bonne qualité d'écoute permet de reconnaître l'élève avec son problème et les besoins affectifs qui vont avec. Quand un élève avoue « n'avoir rien compris à un exercice de mathématiques », il dit peut-être autre chose :

Exemples de demandes cachées

– À la différence de certains de mes camarades, je n'ai pas pu être aidé par mes parentsl

– À la maison, les conditions ne sont pas bonnes pour travailler...

– Chez moi, on dit qu'il vaut mieux vite aller à l'apprentissage d'un métier que de passer du temps sur des matières peu utiles dans la vie pour trouver un travail...

– Ma sœur est douée, je ne le suis pas, j'ai l'impression de ne rien comprendre quand elle comprend tout très vite, sans effort, ça m'énerve et je laisse tout tomber, d'autant plus que ma mère me critique...

D'où la nécessité d'une écoute empathique et questionnante pour tenter d'accéder aux demandes cachées : aidez-moi, encouragez-moi, dites-moi ce que je dois faire, en parler, me cacher, faire autre chose ?

Pour l'enseignant, cela suppose un réel changement qui va le faire basculer du réflexe souvent inefficace d'exhortation à plus d'écoute (« Mais écoute-moi bien, je vais t'expliquer... ») à une réelle et plus utile écoute personnalisée (« Dis-moi ce qui te gêne que je puisse t'aider peut-être ! »).

C'est pourquoi la formation des enseignants à une meilleure qualité d'écoute s'imposera si on veut vraiment que l'école se renouvelle dans le sens de mieux accompagner les élèves pour une conquête d'une plus grande autonomie.

Favoriser l'« experiencing » par l'écoute active

Par la qualité du dialogue avec l'élève, l'enseignant crée les conditions pour que l'élève ait les moyens de trouver sa voie et ose tenter de trouver des solutions. **On appelle experiencing cette situation créée par les effets miroir d'une écoute empathique et questionnante :** l'élève, grâce à l'écoute empathique et questionnante, vit et découvre comment il peut s'y prendre pour aborder un problème, exprimer ce qu'il ressent, faire des propositions à d'autres personnes (proches, parents, entourage, etc.).

L'exemple suivant montre les effets révélateurs de l'experiencing largement facilité par la qualité de l'écoute.

Exemple des effets révélateurs de l'experiencing

Élève : Je suis venu pour vous parler et vous demander votre avis sur mon orientation.
Enseignant : Tu as une idée sur ton orientation.
Élève : Oui, ça fait pas mal de temps mais je ne sais pas trop comment m'y prendre.
Enseignant : Comment t'y prendre ?
Élève : Ben, oui, parce que je voudrais faire quelque chose d'un peu spécial.
Enseignant : Qu'est-ce qui te paraît spécial dans ton choix d'orientation.
Élève : C'est que j'ai toujours été bon en sport, surtout dans les courses.
Enseignant : Qu'est-ce qui te plaît dans le sport ?
Élève : Ben justement, c'est aller vite, courir, gagner. Je fais de bons temps dans les épreuves, j'ai toujours été le meilleur.
Enseignant : Ça compte pour toi d'être le meilleur ?
Élève : Oui mon père a toujours voulu que j'aie des bonnes notes et c'est plutôt moyen. Je suis tout seul dans la famille, les autres cousins, ils ont toujours bien travaillé.
Enseignant : Et alors ?
Élève : Mais mon père dit que « athlète c'est pas un métier, c'est pas un avenir… »
Enseignant : Et toi tu penses que c'est un métier ?
Élève : Je ne sais pas… Je sais qu'il y a des classes sport-études… Ça doit pouvoir marcher. J'ai des bons résultats, j'ai fait des temps aux épreuves.
Enseignant : Qu'est-ce qui t'amène à me demander mon avis. ?
Élève : En fait, je ne sais pas comment présenter ça à mon père. Il va s'énerver, il va refuser, ça va mal se passer. Et côté études, ça ne va pas s'arranger.
Enseignant : Qu'est-ce que tu attends de moi ?
Élève : Que vous m'aidiez peut-être à comment leur dire. Parce que ma mère ne va pas être rassurée non plus. Elle n'aime pas trop le sport et puis elle va suivre ce que dit mon père.

> Enseignant : Ce que tu veux leur dire, c'est quoi ?
>
> Élève : Que je partage avec eux l'envie de réussir quelque chose. Mais je veux que moi ça me plaise. Que les classes sport-études sont faites pour des élèves comme moi qui se plaisent au stade, savent tout donner, s'entraîner dur, qu'il y a des débouchés dans le sport. C'est risqué mais ailleurs aussi.
>
> Enseignant : Tu sens qu'il faut que tu les rassures.
>
> Élève : Oui c'est ça, sinon ça va discuter, ça va crier. On s'emporte vite. Maintenant j'ai de plus en plus envie de tenter ça. Vous pourrez en parler au conseil de classe et sur mon bulletin ?
>
> Enseignant : Maintenant parles-en à tes parents d'abord.
>
> Élève : Merci, ça m'a fait du bien. Je vois mieux comment m'y prendre. C'est pas gagné.
>
> Enseignant : Comme en sport, dans une course. Prends le risque, tu as des arguments, tu peux convaincre ; bonne chance et viens me revoir.

Les effets miroir d'une belle qualité d'écoute active ont permis à l'élève de « s'essayer » dans la situation qu'il craignait : affronter le refus de son père pour son orientation jugée « spéciale ». Le dialogue avec l'enseignant va fonctionner dans l'esprit de l'élève comme une sorte de répétition capable de le mettre en confiance. Il sait ce qu'il va dire, il a clarifié ses idées et ses arguments, il a plus de chance d'être rassurant, clé pour convaincre ses proches. Il pourra aussi prendre conscience que c'est la force et la vérité de son propre engagement qui deviendra la clé du succès. Il réfléchira aussi à la double problématique qui l'imprègne : faire quelque chose pour réussir, faire plaisir à son père et en même temps quelque chose qui lui plaît (le sport) vraiment ? Ou parce qu'il ne réussit pour l'instant que là ?

Si l'élève revient, il conviendrait, si on veut l'aider, de clarifier si le sport est un vrai choix dans lequel il est prêt à s'investir : qu'en connaît-il ? Qu'en sait-il ? Comment il se voit s'y faire une place ? Quelles seraient les autres pistes d'orientation qu'il choisirait ? Que veut-il faire ? Que veut-il être ?

L'experiencing crée une situation prometteuse : l'intéressé sait qu'il peut transposer et se lancer dans l'épreuve qu'il craignait. L'experiencing nécessite une écoute appropriée et une disponibilité réelle. C'est une pratique qui répond à un objectif noble : faire progresser quelqu'un sur le chemin d'une autonomie plus lucide et d'une plus grande confiance en soi.

N'est-on pas ici au cœur de toute vraie démarche éducative ? Et si le résultat n'est pas garanti ou parfait (mais pourquoi le serait-il ?), l'aide apportée, même fragile ou tâtonnante, n'en sera que plus humaine. L'écoute est modeste ou n'est pas…

3.2 L'écoute favorise le changement dans la formation

Le stage de formation est un lieu où l'on parle, on parle même beaucoup. Les habitués de la formation peuvent le confirmer. Parler est une chose, écouter en est une autre. Et dans un groupe en formation l'écoute est battue en brèche.

L'écoute contractuelle

Deux tendances sont constatées :

◆ **L'effervescence :** elle caractérise les groupes très participatifs, les discussions vont bon train, les tours de parole se prennent spontanément, l'animateur plutôt « au milieu » n'intervient que s'il y a échauffement ou dérives. On parle volontiers en même temps. C'est vivant mais assez désordonné. La libre expression écrase l'écoute. Et l'écoute prend une forme passive et subie chez les participants qui ne trouvent pas leur place dans la vivacité des échanges. Pour la majorité des participants, on est plus là pour « dire » que pour « entendre », pour se manifester que pour échanger, pour s'imposer que pour partager. Bref personne ne s'écoute, mais tout le monde (ou un noyau actif) parle.

◆ **La polarisation :** elle caractérise les groupes où l'animateur (ou un leader) concentre la parole réduisant le groupe à un rôle d'observateur. Ce processus peut être permanent ou concerner certaines périodes. L'attitude d'écoute est *de facto* quasiment imposée et s'inscrit dans une relation dominant-dominés. Tout va dépendre de l'intérêt du discours : un talent d'orateur peut permettre le maintien de l'attention et susciter le souci d'appropriation (prise de notes). On sait que l'écoute n'est pas constante dans la durée même si c'est passionnant et attractif (exemples, anecdotes, humeur, etc.). Si c'est un leader qui polarise le groupe, il sera jugé à travers sa légitimité, l'intérêt de ses interventions, ses apports, sa capacité à prendre en compte les autres, à apporter une valeur ajoutée (expertise, expérience, vécu, sécurité, ouverture). Le pouvoir exercé peut agacer ou irriter s'il est usurpé ou irrespectueux ou arrogant. Dans un tel groupe, les participants peuvent ressentir que l'écoute est comme prise en otage. Si personne n'ose intervenir, la contagion silencieuse s'installe.

Pour éviter les effets pervers et négatifs de l'effervescence et de la polarisation, il est conseillé de *contractualiser* l'écoute dans un groupe. Cela revient à s'accorder sur des règles de fonctionnement :

– faire prendre conscience que l'écoute se jouera sur trois registres : celui du formateur, celui de chaque participant individuellement et le groupe en tant que groupe (sa dynamique, sa discipline, ses mouvements, sa vie affective) ;

– fixer des *principes* de fonctionnement (tour de parole, droit de chaque participant, modalités des interventions : longues, brèves, questionnantes, etc.) ;
– autoriser les *méta-interventions* : oser intervenir pour dire ce qui est ressenti sur ce qui se passe « ici et maintenant » (je trouve que l'on est trop long sur cet aspect du problème...) ;
– attribuer les tâches de *régulation* (pratiquer les différents types de reformulation).

Le contrat consiste à préserver l'écoute, poser des garanties. C'est absolument nécessaire car tout groupe dérive plus ou moins rapidement vers l'effervescence ou la polarisation et l'écoute en pâtit (contrariée ou contrainte). Il importe qu'une personne alerte le groupe avant (ou pendant) les séances. C'est un rôle ingrat que se faire le défenseur de l'écoute (gare à écouter soi-même et de ne pas être pris en flagrant délit de réactivité excessive par exemple !).

Procéder ainsi revient à dire que l'écoute en groupe (donc en configuration formation) nécessite une *discipline* individuelle et collective au nom d'un certain équilibre entre participants (pouvoir causer et être entendu et entendre à son tour). Attention à ne pas être trop normatif ou rigide. Un groupe doit accepter des approximations et des moments imprévisibles, mais l'écoute appelle un *pilotage* dosé qui offre quelques garanties. Dans les stages de formation cette mission incombe au formateur qui doit se garder de céder à l'effervescence ou de participer à la polarisation. L'écoute vaut bien une attention quasi *écologique*. Dans le cas de déviance lourde, il convient de reposer la question du contrat d'écoute mutuelle. C'est un constat : si l'on reste trop *implicite* sur le terrain de l'écoute, la contre-productivité des échanges guette le groupe. S'il s'agit de formation, le dommage est très regrettable.

L'écoute peut provoquer des déclics

C'est l'écoute du formateur et du groupe qui peut inciter chaque participant à s'écouter. Et chacun, en s'écoutant mieux, est mis en confiance pour exprimer ses craintes, ses difficultés ou tout simplement son vécu.

S'agissant de formation, c'est la voie pour découvrir des potentialités, des envies ou de simples velléités pour prendre des initiatives. Si on ne peut pas parler de transformation ou de changement dans l'espace de durées si courtes (la plupart des formations tiennent dans 2 à 8 jours), on peut compter sur des *déclics*. On entend par déclic ces sensations de *découverte* associées au sentiment que quelque chose est *possible*, accessible, attractif. Souvent le participant en parle en s'illuminant. Il exprime la tentation de renouveler l'expérience, d'insister, d'approfondir. Être écouté crée les conditions pour se découvrir. C'est l'écoute patiente, tolérante et attentive du formateur et du groupe qui va entretenir l'élan.

Certains commentaires de participants à des stages le confirment : il s'est passé quelque chose (« J'ai senti que je pouvais y arriver, je croyais que ça n'allait pas marcher et ça a marché, ça me plaît, je sens mieux comment faire maintenant, j'ai envie de m'y mettre, je vois ça autrement… »).

Confirmation donc que l'écoute et les conseils en réponse à des demandes qui se font plus libres, plus précises et fréquentes constituent une voie pédagogique plus efficace que des explications ou une démonstration à sens unique.

L'exposé magistral ne peut fonctionner qu'avec des participants qui viennent se nourrir et qui savent le faire en butinant çà et là des choses à prendre qu'ils sauront s'approprier. S'il est construit pour *donner à réfléchir*, l'exposé magistral sollicite une forme d'écoute sélective productive.

Il doit contenir des questions, des interpellations, des exemples favorisant les processus d'imagerie mentale (rapprochements et identifications) et suscitant une pensée en aller et retour entre ce qui se dit et ce que ça dit à chaque participant.

Quand du vécu s'exprime fortement à travers celui qui parle, c'est l'image de quelqu'un qui a beaucoup écouté les autres qui est envoyé à l'auditoire. Et le vécu comme trace d'une réelle écoute passée appelle l'écoute attentive de l'auditoire. Celui qui parle donne l'impression de quelqu'un qui « écoute ». La boucle est bouclée. Mais cette relation est fragile : beaucoup d'exposés sont administrés sans ce rapport au vécu.

Abstrait, théorique, impersonnel, ils ont peu de chance de susciter une écoute attentive et de provoquer le moindre déclic. Si ce n'est de quitter la salle !

L'écoute pour accompagner les transitions

Le changement n'est pas linéaire, il procède plutôt par ruptures volontaires ou forcées. Bien des choses changent dans les entreprises et les personnes sont amenées à découvrir de nouveaux métiers, de nouvelles façons de travailler, de nouvelles règles et aussi de nouvelles contraintes. D'où le stress dont on parle tant et qui désigne le syndrome d'adaptation à un contexte, des valeurs ou des pratiques et des usages qui ont changé.

La formation apparaît comme une des réponses aux difficultés liées aux changements. Plus précisément, la formation est souvent prescrite lors des phases de *transition* (T).

La transition

On appelle transition, la période intermédiaire qui fait passer d'une situation A à une situation B.

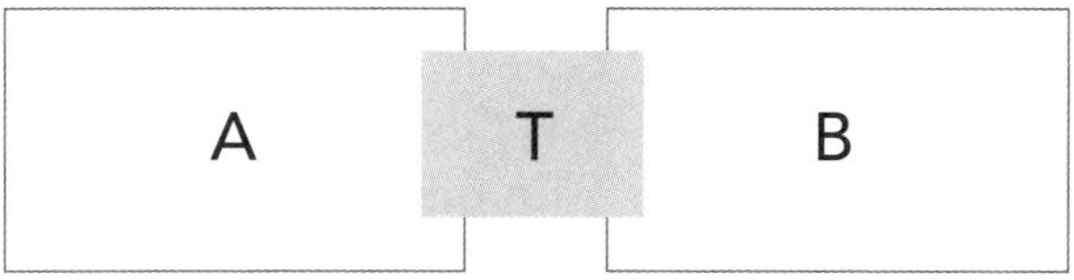

Cette sorte de sas bien théorisé par le psychanalyste britannique Donald W. Winnicott [21] est un moment de tâtonnements, de recherche, de doute, de spéculation, d'expérimentation. Il s'agit de faire le deuil de la situation A sans être pleinement dans la situation B, plus ou moins prometteuse ou inquiétante [22].

Les phases de transition sont mieux vécues quand une réelle *écoute d'accompagnement* est disponible. On observe une recherche de repères et de réassurance que l'écoute peut apporter. Plus personnalisé que la formation en groupe, la pratique du *coaching* (accompagnement individuel) est de plus en plus prescrite pour aider à la traversée de ces périodes de transition. Le coach se caractérise en effet par une écoute qui doit faciliter les choix. Son rôle n'est pas de conseiller mais de faire découvrir, d'éclairer, de mobiliser plus de lucidité quand il s'agit de prendre des décisions. Le coach n'est pas un thérapeute : son écoute fonctionne en miroir pour aider l'intéressé à se situer en fonction de ce qu'il veut (qu'il doit clarifier), ce qu'il peut (ses aptitudes et ses compétences) et ce dont il dispose (son vécu, son histoire personnelle).

En offrant une écoute délibérée, le coach peut susciter un regain d'écoute chez la personne qui vit des transitions. Or pour augmenter les chances de gérer correctement et à son avantage une transition, l'intéressé a besoin de se mettre à l'écoute. De nombreuses personnes ont découvert qu'elles n'écoutaient pas bien, justement en vivant ces périodes de transition : les repères bougent, le flou s'installe, l'incertitude est forte, les

21. D.W. Winnicott, *Jeu et réalité, l'espace potentiel*, Gallimard, Paris, 1971.
22. D.W. Winnicott est à l'origine du terme d'objet transitionnel. Il considère de façon très générale l'espace transitionnel comme l'espace intermédiaire entre la réalité intérieure de l'enfant et la réalité extérieure. Les objets transitionnels sont des objets élus par l'enfant (doudou, morceaux de chiffon, peluche). L'objet transitionnel favoriserait selon Winnicott l'atténuation de la dissociation entre le dedans et le dehors.

habitudes sont mises à mal, les nouveaux réflexes pas encore naturels, les demandes différentes et l'environnement instable.

Les transitions constituent une réelle mise à l'épreuve et l'aisance à s'adapter en découle. Veille et vigilance sont nécessaires, curiosité utile et réflexes de questionnement parfois vitaux (« Tu n'avais qu'à demander, on t'aurait dit comment éteindre la nouvelle machine ! »).

En résumé

L'expérience des transitions bien maîtrisées nourrit l'écoute : elle en montre la nécessité, la valeur et en confirme la dimension humaine : respecter les autres, croire dans le dialogue pour aider quand les changements perturbent.

4. L'écoute dans les relations familiales

Dans l'entreprise, c'est le chef, le collègue ou le client qui n'écoutent pas. On s'en plaint car il en découle des malentendus et des dysfonctionnements mais on fait avec… Entre proches, c'est plus difficile de s'écouter. Dans la vie personnelle, c'est le mari, la mère, le fils ou la grand-mère qui n'écoutent pas. C'est plus flagrant pour certaines personnes que pour d'autres. L'expérience montre qu'il est incertain d'écouter celles et ceux que l'on aime.

4.1 L'écoute se désagrège avec l'habitude

Les habitudes et la répétition du vécu commun fait que l'on est plus facilement porté à réfuter sans entendre ou à juger sans comprendre. On entend souvent cette réflexion : « Pas besoin de t'écouter, je sais ce que tu vas dire… » C'est la trop grande connaissance des faits, des habitudes, des réactions, la répétition des événements qui sont à chaque fois des éléments favorables à la radicalisation des situations et à l'exaspération des sentiments.

Du risque de ne pas entendre ce qui s'élabore derrière les habitudes

À force de ne plus demander à son conjoint dans quel restaurant aller ou quel lieu de vacances choisir, l'écoute de l'autre se perd en même temps que les demandes se raréfient. On croit fonctionner en bonne entente implicite jusqu'au jour où l'on découvre qu'il y a des envies latentes et des insatisfactions refoulées.

« C'est quand on reçoit des amis, note cette femme, que j'entends mon mari faire des remarques sur les vêtements qu'il aimerait que je porte... » En fait elle s'est installée dans l'habitude de s'acheter seule ce qui lui plaît, son mari s'en est accommodé, mais pour autant, au fond de lui-même, il aimerait avoir son mot à dire.

Retrouver un espace d'écoute, c'est accorder à l'autre une place, c'est se re-trouver pour partager quelque chose. L'habitude a un effet d'anesthésie sur l'écoute : on dit (à tort ?) qu'on se connaît trop bien... Inutile donc de s'interroger. L'habitude entraîne l'apparente facilité à laquelle on cède par confort ou paresse. Pas facile de ré-installer une écoute questionnante dans un contexte familial qui s'est installé dans ses habitudes (des habitudes qui protègent en même temps qu'elles rongent parfois).

Du risque de rejeter trop vite des demandes

L'univers familial est rempli aussi de demandes, notamment de la part des enfants. Ainsi l'enfant qui, à chaque fois qu'il accompagne sa mère au supermarché, réclame avec insistance un certain paquet de bonbons. Sa mère, après avoir cédé une ou deux fois, refuse désormais systématiquement, ce qui occasionne pleurs et énervements. Le refus s'accompagne plus de reproches et d'emportements que d'explications et surtout d'écoute. Il conviendrait d'ouvrir un dialogue avec l'enfant à un moment plus calme pour l'entendre et pour s'expliquer : « L'expérience et les témoignages confirment que les réponses de compréhension font plus pour calmer la demande que les comportements de pression. » [23] Les relations dominées par l'affection ne sont pas propices aux explications car les émotions submergent la raison. La recherche d'un moment de qualité d'écoute s'impose. Dans la vie familiale, on passe trop vite à autre chose...

4.2 L'écoute mutuelle pour réparer après les conflits

Dans le couple quand les liens affectifs sont intenses, les relations sont ordinairement de bonne qualité (plaisir partagé d'activités en commun, expériences, séjours appréciés, etc.), mais elles connaissent aussi des occasions de tensions qui n'ont d'égal que l'intensité de l'échange affectif.

L'intimité des protagonistes semble favoriser la violence des paroles blessantes et culpabilisantes. Cela semble inéluctable et inévitable dans le théâtre intime de la vie : « On s'engueule, mais on s'aime quand même », la formule est connue.

23. Jean Artaud, *op. cit.*

Accepter les conflits est un signe de maturité. Cependant c'est la manière dont on en sort qui a des conséquences. L'effet des propos, des comportements, voire des gestes joue en différé sur les esprits. Avoir été insulté laisse des traces, comme toute colère qui fait mal après coup. Et c'est après, que tout se passe.

L'écoute n'est pas au rendez-vous quand le ton monte. En revanche, plus tard (mais pas trop tard) déployer un effort d'écoute mutuelle est nécessaire si on veut préserver la relation. Il s'agit d'entendre le ressenti et d'échanger sur ce qui s'est passé, sans prétention à une intervention thérapeutique. Dans la vie de tous les jours, on peut entre soi, faire d'abord avec soi. Si on en ressent le besoin, il est toujours possible de franchir le pas pour se faire aider.

L'écoute dont on a besoin après un conflit est une épreuve de *discernement lucide* et *honnête* : c'est se préparer à l'écoute de l'autre, de son ressenti. C'est aussi l'expérience d'exprimer ce que l'on a ressenti en soi.

L'écoute sous cet angle est une forme d'aide mutuelle pour mieux tolérer ce qui s'est passé et prendre conscience de la fragilité et de la vulnérabilité humaine. Ce qui se dit n'est pas forcément ce que l'on pense et ce que l'on ressent ne s'exprime pas forcément de la façon dont on l'espérait.

Seule une écoute réciproque peut permettre de se sortir de conflits qui peuvent garder leur part de mystère, ce mystère qui infiltre nos réactions et qui se ressource dans notre inconscient. « On est toujours différent de ce qu'on laisse paraître », notait Gaston Bachelard. C'est l'écoute de soi plus que jamais qui conditionne la possibilité d'une meilleure écoute des autres. Mais c'est par les autres qu'on comprend mieux les accès à nous-même comme le recommandait Goethe : « Celui qui ne fait rien pour les autres, ne fait rien pour lui-même. »

En étudiant, non pas l'agressivité chez les animaux à l'instar de nombreux chercheurs, mais la « réconciliation chez les primates », l'éthologue visionnaire, Frans de Waal, auteur du livre *L'âge de l'empathie*[24], a montré que les singes notamment sont capables de compassion et de consolation. Mieux même, selon ses travaux, après une bonne bagarre, les chimpanzés se donnent beaucoup de mal pour retisser les liens qui les unissaient auparavant. Le but de Frans de Waal : engager nos sociétés à prendre conscience que la solidarité fait partie intégrante de notre nature et que la capacité d'empathie serait la clé d'un tel projet.

24. Frans de Waal, *L'âge de l'empathie*, Éditions Les liens Qui Libèrent, 2010.

Conclusion

Il faut écouter beaucoup et parler peu
pour bien agir au gouvernement d'un État.
Cardinal de Richelieu

C'est Richelieu de façon très moderne qui en faisait la recommandation : pour diriger, il faut écouter beaucoup et parler peu. Par extension, dans la gouvernance de nos vies, il conviendrait de renouer avec le réflexe d'entendre. C'est possible si l'on dispose de l'empathie comme attitude et des réflexes de l'écoute active comme pratiques bien assimilées pour affronter les relations humaines.

Le psychanalyste Serge Tisseron la met « au cœur du jeu social ». L'empathie est élationnelle autant que compassionnelle, c'est-à-dire qu'elle inclut toutes les émotions et pas seulement celles qui concernent la douleur et la souffrance. Elle ne consiste pas seulement à dire : « « Je comprends ta tristesse », mais aussi « je suis heureux pour toi ». L'empathie ne se réduit pas à la capacité à ressentir la douleur d'autrui, elle implique le fait d'accepter la relation comme une construction mutuelle et dynamique. Celui qui dit « je n'ai rien à faire de votre aide (ou de votre avis) », souffre d'un défaut d'empathie au même titre que celui qui dit déclare ou pense : « je n'en ai rien à faire de votre souffrance. » Et il en est de même de celui qui, face au bonheur d'autrui, n'éprouve qu'envie ou jalousie[1]. »

L'écoute éclaire et illumine nos vies si on sait en respecter les exigences : disponibilité, respect, vigilance, attention aux autres. L'écoute est aussi condition de l'efficacité si l'on se convainc que les bonnes décisions découlent d'une bonne qualité d'écoute et d'un effort réel de consultation.

L'écoute des autres passe par un exercice plus personnel : l'écoute de soi. Et cet exercice peut nécessiter une aide. Il est de grand profit pour qui veut mieux vivre en relation dans un bon état d'esprit d'entente mutuelle et de projet partagé.

1. Serge Tisseron, *L'empathie au cœur du jeu social*, Albin Michel, Paris, 2010.

Deuxième partie

METTRE EN PRATIQUE

EXERCICE 1

Quelles sont vos attitudes d'écoute en position de manager face à un collaborateur ?

Ce test (test de Porter) a pour but de vous faire prendre conscience de la manière dont vous réagissez en face à face, quand l'autre vous fait part de son message : êtes-vous plutôt dans une attitude d'écoute la plupart du temps ou dans d'autres types d'attitudes ? Quels sont vos réflexes, vos tendances ?

Diverses situations sont décrites ci-dessous au cours desquelles un collaborateur a dit et fait quelque chose, ainsi que les réponses que son manager lui feraient. Dans chaque situation, vous êtes la personne en position hiérarchique. Choisissez, parmi les 7 réponses, celle que vous feriez spontanément : entourez le chiffre de votre réponse.

Cas n° 1

Vous avez un(e) nouveau(elle) collaborateur(trice) depuis 3 mois dans votre service. Au cours d'une conversation, il(elle) déclare : « Je ne comprends pas pourquoi, mais j'ai l'impression de ne pas faire partie de l'équipe. Ils sont tous très “chics”, mais ils semblent former un cercle fermé dans lequel je me sens étranger. C'est peut-être ma faute. Je n'en sais rien. »

1. « Un cercle fermé ? C'est-à-dire ? »

2. « Non, ne vous en faites pas, c'est chose courante et normale lorsqu'on arrive dans un groupe qui est déjà constitué ; quelques mois encore et tout va s'arranger, vous allez vous intégrer. »

3. « Pourquoi n'essayez-vous pas de rendre service à la première occasion ? »

4. « Je vous trouve bien pessimiste, c'est peut-être votre attitude qui n'est pas encourageante. »

5. « Vous avez l'impression de mal vous intégrer dans l'équipe. Vous vous demandez si cela provient de leur attitude ou si vous en êtes responsable. »

6. « Vous avez l'impression de mal vous intégrer dans l'équipe et il est vraisemblable que le petit cercle qu'ils constituent ne facilite pas votre travail. »

7. « Prenez rendez-vous avec eux et parlez-en franchement. »

Cas n° 2

Vous êtes en poste depuis 6 mois. Un(e) agent(e) qui a 10 ans d'expérience vous déclare : « Je fais ce travail depuis 10 ans, personne ne s'est jamais plaint. Aujourd'hui, vous me renvoyez mon travail pour que je le refasse. Je ne vois pas pourquoi. Il m'arrive sans doute de faire quelques erreurs, mais personne n'est parfait et je ne comprends pas ces reproches. »

1. « Vous avez du mal à comprendre pourquoi je vous ai renvoyé votre travail et vous pensez que je vous reproche de ne pas être parfait. »

2. « Ne vous inquiétez pas ainsi, je suis content de votre travail en général, je voudrais simplement que vous corrigiez quelques points. »

3. « Vous pensez que je vous fais des reproches parce que votre travail n'est pas parfait. »

4. « Ce que je vous demande, c'est de refaire ce travail. »

5. « Depuis quelque temps, votre travail n'est plus aussi bon et je m'étonne que, le sachant très bien, vous veniez vous plaindre. »

6. « Vous devriez faire plus attention avant de me remettre votre travail. »

7. « Qu'est-ce qui vous fait penser que je vous fais des reproches ? »

Cas n° 3

Une secrétaire vous a dit : « Je ne veux plus travailler avec Éliane. Elle est paresseuse et nous considère avec des airs supérieurs… Elle se plaint toujours en disant qu'elle n'est pas aidée. C'est une fille qui se considère très au-dessus de nous et ce genre de filles… J'en ai assez. »

1. « Éliane ne vous est pas sympathique et vous souhaitez que je la mute. »
2. « Dites à Éliane de venir et nous allons régler cette question ensemble. »
3. « Éliane se considère, à tort, comme supérieure aux autres et vous pensez qu'il vous est impossible de continuer à travailler avec elle. »
4. « À votre place, je réfléchirais avant de prendre une décision aussi extrême et j'essayerais de voir s'il n'est pas possible d'arriver à m'arranger avec Éliane. »
5. « Qu'est-ce que vous entendez par "paresseuse" ? »
6. « Je vous comprends bien, vous êtes irritée par la conduite d'Éliane. Peut-être a-t-elle eu quelque déception sentimentale et cela va sûrement s'arranger. »
7. « Je trouve que votre intervention n'est pas très sympathique vis-à-vis de votre collègue. Il est possible qu'elle ait des torts, mais vous êtes en train de me conseiller de la renvoyer. »

Cas n° 4

Vous êtes chef d'unité, vous recevez un de vos administrateurs. Il vous déclare : « Je ne veux pas travailler aussi tard tous les jours. J'arrive très tôt le matin et je travaille en moyenne 9 heures par jour. Je suis conscient qu'il y a beaucoup de travail, mais j'ai également des enfants et une vie privée. Je ne comprends pas pourquoi le travail ne peut se faire que le soir. »

1. « Concilier vie privée et vie professionnelle, ce n'est facile pour personne. Vous verrez, avec le temps vous y arriverez de mieux en mieux. »
2. « Pourquoi n'essayez-vous pas d'équilibrer votre vie privée en fonction de ces contraintes ? »
3. « Que suggérez-vous pour que nous puissions concilier votre souhait légitime de vie privée et les obligations du fonctionnement de l'unité ? »
4. « Je trouve que vous manquez de disponibilité au regard de votre niveau de responsabilité. »
5. « La coordination se fait le soir. Trouvez un autre moyen d'y participer activement. »
6. « Vous avez l'impression que dans ce service on vous oblige à rester travailler tard le soir. »

7. « Vous vous plaignez des longues journées de travail qui font l'efficacité de ce poste. »

Cas n° 5

Vous avez dans votre équipe un(e) jeune juriste dont la qualité du travail laisse à désirer. Vous l'appelez dans votre bureau. Il(elle) réagit avec vivacité : « Je ne comprends pas pourquoi vous voulez que je parle de mon travail, je ne me suis pas plaint et j'essaye de me débrouiller. »

1. « Vous vous débrouillez, je n'en disconviens pas, mais vous vous débrouillez mal et c'est bien ce que je vous reproche. »

2. « Vous êtes gêné en venant ici parce que vous pensez que je ne peux pas vous aider. »

3. « Allons, allons, ne dramatisons pas ; je comprends bien que cet entretien soit désagréable pour vous, mais je l'ai justement provoqué parce que je crois que nous pouvons nous entendre et que je peux vous aider à réussir. »

4. « Alors, comment peut-on améliorer votre travail ? »

5. « Voyez-vous, il me semble que vous auriez intérêt à faire un effort et je suis tout prêt à vous aider dans cette voie. »

6. « Vous êtes très perplexe, vous ne voyez pas l'utilité de parler de votre travail et vous pensez que vous pouvez continuer à vous débrouiller tout seul. C'est bien ça ? »

7. « Calmez vous ! Nous allons faire le point. »

Cas n° 6

Vous êtes chef de service et l'un(e) de vos nouveaux(elles) collaborateurs(trices) de Moldavie vous dit : « Je ne suis pas très sûre de savoir comment les choses fonctionnent ici. Il est évident que les gens critiquent mon travail mais personne ne m'informe sur ce que je devrais faire exactement. »

1. « Demandez-leur les informations nécessaires, ils vous répondront. »

2. « Quelles sont les critiques que vous entendez ? »

3. « Vous manquez d'aisance dans votre travail et vous ne comprenez pas ce qu'il faut améliorer. »

4. « Vous pensez que si vous étiez mieux informé(e), vous feriez un meilleur travail. »

5. « C'est en allant à la pêche aux informations qu'on apprend le métier. Dans peu de temps, ça ira mieux, vous verrez. »

6. « Et si vous regardiez attentivement ce que font les autres, vous pourriez prendre exemple sur eux. »

7. « Les gens critiquent votre travail parce que vous ne faites pas d'effort pour vous adapter. »

Cas n° 7

Vous avez demandé à votre secrétaire de frapper la première partie d'une conférence que vous devez faire. Vous l'interrogez pour savoir si c'est fait. Elle se met à pleurer et vous dit : « Tout ce que je fais est mal, je ne vois vraiment pas comment faire un travail qui vous satisfasse. Il m'est égal quc vous me critiquiez de vive voix, mais que, dans votre conférence, vous traitiez les secrétaires de "nerveuses" et que vous en plaisantiez, ça je ne peux pas l'admettre. »

1. « Voyons, à votre place, je n'y attacherais pas d'importance et il n'y a aucune raison de pleurer comme vous le faites. »

2. « Il faut toujours que vous soyez en train de vous plaindre. Vous avez la maladie de la persécution. »

3. « Cessez toutes ces simagrées et faites votre travail comme d'habitude. »

4. « J'ai l'impression que voilà une bien grosse peine ; je puis vous affirmer que je n'ai pas eu l'intention de vous blesser. Ce sont là des plaisanteries classiques et vous savez bien que vous avez toute mon estime. »

5. « C'est parce que vous pensez que c'est de vous qu'il s'agit dans cette conférence que vous êtes si nerveuse ! »

6. « Croyez-vous que je me moque de vous personnellement dans cette histoire ? »

7. « Vous avez l'impression que je ne suis jamais satisfait de votre travail. Vous acceptez mes critiques en privé, mais vous trouvez que je dépasse les bornes de faire allusion en public à la nervosité des secrétaires. C'est ça qui vous fait pleurer ? »

Cas n° 8

Vous voulez envoyer un(e) agent(e) en formation sur l'organisation du travail et la gestion du temps et il(elle) vous dit : « Je ne pense pas que ces cours sur la simplification du travail m'apportent quelque chose. Ces formateurs en organisation ne peuvent pas connaître mieux que moi un travail que je fais depuis 12 ans. »

1. « Pour que ça vous intéresse, il faudrait qu'il y ait quoi exactement dans le contenu du stage ? »

2. « Les stages de gestion du temps vous paraissent inutiles à votre niveau et vous pensez que la connaissance de votre travail est supérieure à celle que pourront vous enseigner les formateurs. »

3. « C'est une réaction bien naturelle de votre part : nous considérons tous notre travail comme notre propriété exclusive, mais je suis persuadé que vous ne regretterez pas d'avoir étudié des techniques. »

4. « Vous pensez que ces formateurs seront là pour vous apprendre votre travail. »

5. « Je pense que vous faites erreur ; nous pensons toujours bien connaître notre travail et lorsqu'on nous apprend des méthodes nouvelles pour l'analyser, nous découvrons alors une foule d'aspects que nous avions négligés. »

6. « Il est indispensable que vous suiviez ce stage. »

7. « Vous ferez ce que vous voudrez mais je crois que ce stage peut vous être plus utile que vous ne le pensez. »

Cas n° 9

Vous êtes chef de division et une des secrétaires vous dit : « Vous me critiquez mais c'est impossible de travailler correctement ici ! Les grades A me prennent pour leur bonne et m'interrompent tout le temps. Je n'ai plus la possibilité de me concentrer sur mon travail. »

1. « Ne vous en faites pas. Ils sont juste en train de tester votre bonne volonté. »

2. « Vous avez peut-être besoin d'un séminaire de formation à la gestion des priorités. »

3. « Vous pensez que les grades A sont responsables du retard que vous prenez dans votre travail. »

4. « Affirmez-vous et dites-leur franchement ce que vous en pensez. »

5. « Vous êtes irritée parce que vous ne supportez pas qu'on vous prenne pour une bonne. »

6. « Vous manquez d'autorité et d'organisation personnelle face aux pressions extérieures. »

7. « C'est-à-dire, quelles sont les demandes qu'ils vous font exactement ? »

Cas n° 10

Vous êtes chef de service et lors d'une entrevue périodique, un(e) jeune administrateur(trice) vous dit : « Mon chef ne me fait que des reproches, je n'ai pas l'impression qu'il souhaite me garder… »

1. « Vous passez votre temps à vous plaindre et vous pouvez laisser supposer que votre chef de service est injuste. »
2. « Vous pensez que votre chef de service ne vous aime pas et qu'il veut se débarrasser de vous. »
3. « Faites donc des efforts et soignez votre travail. »
4. « À votre place, je m'en ouvrirais à lui. »
5. « Il ne vous fait que des reproches ? »
6. « Il est normal que vous soyez désemparé, mais vous verrez, "en prenant de la bouteille", qu'il vaut mieux avoir un chef qui s'occupe de vous, même pour des reproches, que quelqu'un qui ne dit jamais rien. »
7. « Votre chef de service ne vous fait que des reproches et vous pensez qu'il veut se séparer de vous. C'est ça ? »

Corrigé p. 139

2 EXERCICE

Quels sont vos 10 comportements de base ?

Cet exercice vous invite à faire la synthèse de l'essentiel des pratiques d'écoute active quand vous êtes en situation d'entretien, quel que soit le but de l'entretien : recadrer ou aider ou recruter ou consulter ou influencer ou s'informer ou évaluer, etc.

Voici 10 comportements que nous nommerons « de base ». Expliquez à côté de chaque comportement ce qu'il signifie concrètement selon vous.

Comportements	Explication
Ne pas être réactif d'emblée	
Avoir une attitude questionnante	
Se centrer sur l'autre	
Clôturer son intervention par une « invite » : Qu'en pensez-vous ?	
Faire dire plutôt que dire	
Ne pas étouffer la question	
Éviter les rafales de questions	
Réguler l'échange par la reformulation	
Freiner les projections personnelles	
Préparer et suivre un canevas de déroulement	

Corrigé p. 141

EXERCICE

Savez-vous décrypter un énoncé ?

Le but de cet exercice est de vous entraîner à discerner dans les énoncés des messages de votre interlocuteur les moments où il peut être utile de lui faire préciser pour mieux le comprendre et pour obtenir des faits concrets et non des énoncés d'opinions ou des sentiments ; bref, pour réduire le risque d'interprétation subjective.

> **Exemple**
>
> Il y a longtemps (*combien de temps ?*) dans un pays très lointain (*où cela ?*) une jeune femme (*de quel âge ?*) se promenait dans une avenue d'arbres en fleurs (*lesquels ?*). Elle portait un vêtement onéreux (*combien coûte-t-il ?*) et semblait très lasse (*c'est-à-dire ?*).

Repérez dans les énoncés ci-dessous les mots ou groupes de mots « à questionner ».

1. Nicolas compte bien fêter l'âge de raison à l'étranger. Il attend avec impatience son départ pour l'une des filiales européennes du groupe. Aujourd'hui, il apprend les subtilités du recrutement. Ce concours interne, s'il le réussit, lui donnera accès à un poste de sous-directeur dans une caisse régionale. Il peut caresser un espoir un peu fou : diriger un jour le groupe qui les emploie. Repéré après quelques années d'expérience, inscrit au fichier des « cadres à haut potentiel », il est en observation continue en vue de remplacer un jour un cadre dirigeant.

2. Le sommeil est le grand ami de la mémoire. Pendant que nous dormons, notre inconscient travaille. Il fait le ménage. Dormir combien de temps ? Cela dépend des tempéraments. On dort en principe moins longtemps en vieillissant. Dans la petite enfance, évidemment, il faut dormir

davantage. Un conseil : ne dites pas à n'importe qui que vous travaillez votre mémoire, sinon, on vous posera immédiatement des « colles ».

3. Un commerçant venait d'éteindre les lumières dans le magasin quand une personne prénommée Dominique apparut et demanda de l'argent. Le propriétaire ouvrit une caisse enregistreuse. Le contenu de la caisse enregistreuse fut ramassé et la personne partit en courant. Un officier de police fut averti immédiatement.

4. Sur le bassin d'Arles, la crue du Rhône, en décembre 2003, sinistre de nombreuses entreprises et quelques milliers de personnes : 80 % de la zone industrielle où se trouve l'usine Lustucru est inondée. Les salariés de la rizerie se mobilisent pour remettre le site en état. Mais, en mars 2004, la décision est prise de ne pas réhabiliter le site. Les salariés entament l'occupation des lieux. Tous les salariés ne seront pas reclassés. Le plan social se termine avec la fermeture de l'antenne emploi mise en place.

5. La Chine a engagé la révision de son Code du travail. Soucieux d'éviter la déstabilisation sociale et de limiter les abus souvent dénoncés dans les entreprises du Sud industriel, Pékin va dans un sens résolument plus protecteur pour les salariés. Le texte proposé est beaucoup plus complet et précis que le code aujourd'hui en vigueur. Le projet rend le droit du travail moins flexible et encadre davantage le contrat de travail et les conditions de licenciement. Le temps de probation est limité, de même que le travail temporaire. Les pouvoirs des syndicats sont renforcés.

Corrigé p. 142

EXERCICE

Savez-vous évaluer votre écoute en entretien ?

Il est utile d'évaluer vos diverses expériences d'écoute pendant vos entretiens et de constater comment vous progressez d'un entretien à l'autre.

Nous vous proposons d'utiliser un « circept » comme outil de relevé de vos comportements juste après la fin de l'entretien. Vous vous offrirez ainsi une vision synthétique de vos pratiques.

Comme l'indique le schéma ci-dessous, la figure géométrique du circept se compose de plusieurs axes (de 2 à 6) gradués (de 1 à 4 ou de 1 à 6).

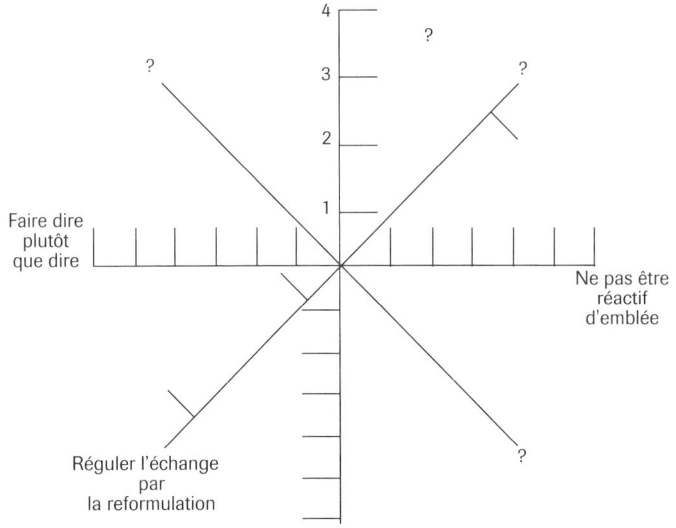

À chaque terminaison des axes, à la place des points d'interrogation, vous indiquerez les comportements qui vous paraissent moins présents dans vos pratiques, pour en suivre la progression à chaque entretien.

Par exemple, à partir des 10 comportements de base de l'écoute active (voir exercice 2), vous pouvez en sélectionner certains pour les expérimenter plus particulièrement.

En fin d'entretien, vous vous remémorez le déroulement de l'entretien et vous situez le niveau de votre pratique sur l'axe, par exemple :

1 : pas assez ;

2 : hésitant ;

3 : peut mieux faire ;

4 : bonne maîtrise.

Corrigé p. 143

EXERCICE 5

Êtes-vous un « écoutant dans la vie ordinaire » ?

Le but de cet autodiagnostic est de vous permettre d'évaluer votre capacité d'écoute générale. Pour chaque situation, choisissez deux réponses sur les quatre en fonction, soit de ce que vous pensez, soit de ce que vous feriez dans une telle situation.

1. Un collègue vous raconte ses vacances en Corse :

a. Ça vous fait penser à vos vacances au pays basque.

b. Vous l'interrogez sur les meilleurs endroits car vous avez l'intention de vous y rendre.

c. Vous êtes étonné que quelqu'un prenne le risque d'aller en vacances en Corse.

d. Vous vous intéressez à ce qu'il a fait et comment ça s'est déroulé.

2. Écouter pour vous, c'est :

a. Laisser l'autre parler et l'inciter à en dire plus.

b. Chercher à comprendre quelle est sa façon de voir les choses.

c. Trouver une résonance entre ce que dit l'autre et ce que vous pensez.

d. Aider l'autre à comprendre des incohérences ou ses contradictions.

3. Vous faites la queue chez le boucher. En attendant votre tour, vous pouvez entendre les potins :

a. Vous prêtez une oreille attentive et vous n'en ratez pas une.

b. Vous vous dites que si chacun ne racontait pas sa vie, on serait servi plus vite.

c. Vous observez l'étale pour choisir ce que vous allez acheter.

d. Vous regardez les personnes pour faire le lien entre ce qui est dit et qui le dit.

4. Écouter pour vous, c'est :

a. Faire preuve d'empathie en se mettant à la place de l'autre.

b. Se taire par respect pour ce que l'autre peut avoir vécu.

c. Comprendre d'abord, conseiller ensuite.

d. Être animé d'une bonne dose de générosité.

5. Un de vos collègues vous raconte l'interview télévisée d'un ministre. Vous l'avez aussi regardée :

a. De ce qu'en dit votre collègue, vous vous demandez si vous avez regardé la même émission.

b. Vous suivez attentivement ses propos et vous trouvez intéressant que quelqu'un ait une autre interprétation que vous.

c. Vous l'arrêtez dans son élan en lui disant que ce n'est absolument pas ce qui a été dit et vous expliquez pourquoi.

d. Vous le laissez parler et vous renforcez certains points.

6. Réfléchissez à ce que dit votre entourage le plus souvent :

a. C'est pas la peine de discuter avec toi, tu comprends rien.

b. T'as tout compris.

c. C'est pas ce que j'ai dit.

d. Ça fait du bien de parler avec toi.

7. Vous participez à une réunion de travail entre collègues :

a. Vous êtes très attentif à ce que vos idées soient prises en compte.

b. Vous laissez parler les autres puis vous intervenez.

c. Quand deux collègues dérapent en polémique, vous les aidez à clarifier leurs points de vue respectifs.

d. Ceux qui ne parlent pas, c'est qu'ils n'ont rien à dire.

8. L'écoute pour vous, c'est :

a. Une pratique pour les assistantes sociales ou pour les « psys ».

b. Ce n'est pas naturel, ça s'apprend.

c. C'est la clé des relations constructives.

d. C'est une façon courtoise de cacher son désaccord.

9. Quand vous écoutez :

a. Vous avez tendance à couper la parole si ce qui est dit est contraire à vos opinions.

b. Vous reformulez de temps en temps pour être sûr que vous avez bien compris.

c. Vous laissez parler mais vous écoutez d'une oreille.

d. Vous faites préciser ce que vous ne comprenez pas bien.

10. Vous vous promenez au bord d'une rivière. Soudain, vous apercevez une jeune femme qui s'est suspendue à une branche d'arbre la tête en bas au-dessus de l'eau. Son ami est en train de la prendre en photo. En passant vous pensez :

a. Bravo, belle performance !

b. C'est dangereux, elle pourrait tomber.

c. Faut pas avoir la tête sur les épaules pour se mettre dans une situation pareille.

d. Ils sont fous tous les deux !

Corrigé p. 143

EXERCICE

Entraînez-vous par les jeux de rôles

Il s'agit de vous entraîner à l'écoute active en situation d'entretien de face à face. Ci-dessous sont présentés différents scénarios d'entretien à mettre en scène sous forme de jeux de rôles. Il est conseillé d'enregistrer le déroulement du jeu de rôle à la vidéo pour pouvoir le revisionner.

Ce type d'entraînement s'organise en groupe afin de faire tourner les rôles « écouteur/écouté ».

Consignes pour l'animateur :
– faire lire les scénarios au groupe ;
– solliciter des acteurs volontaires ;
– enregistrer le jeu de rôle dans une pièce voisine de la salle plénière ;
– revisionner tous ensemble en plénière pour analyser l'échange et faire des arrêts sur image pour commenter les pratiques.

Scénarios de jeux de rôles

1. Jacques, qui est réceptionniste dans une entreprise de vente de renseignements économiques et financiers, rencontre le chef du personnel. Il lui explique qu'il n'a pas apprécié le stage que celui-ci lui a recommandé sur l'accueil téléphonique.

2. Pierre est trop souvent en retard dans les réunions de service et dans ses entretiens. Il anime une équipe de 8 personnes. Une, parmi elles, décide de le rencontrer pour lui dire que cette habitude est désagréable et gênante pour le service.

3. Vous êtes un fervent défenseur des causes écologiques et vous rencontrez un collègue qui est contre l'aménagement des voies cyclables de la

plupart des rues de Paris. Voue cherchez à comprendre comment il peut rester sur une telle position.

4. Vous rencontrez un collègue qui est allé en vacances en voyage organisé et vous le faites parler sur cette formule car vous envisagez vous-même d'y avoir recours prochainement.

Corrigé p. 145

7 EXERCICE

EXERCICE

Préparez-vous à écouter

Écouter n'est ni naturel, ni spontané. D'où l'importance de vous préparer avant tout échange formel de type entretien de face à face.

Le but de cet exercice est de vous faire réfléchir aux questions à passer en revue avant de rencontrer votre interlocuteur.

Il s'agit de :
– clarifier les circonstances de la rencontre et ses enjeux ;
– définir les objectifs de la rencontre ;
– lister les questions principales à poser au cours de l'entretien ;
– construire le plan de déroulement de l'entretien : étapes et repères pour un comportement d'écoute active.

Prenez le prochain entretien annuel d'évaluation des performances que vous allez avoir avec un collaborateur de votre choix :

1. Écrivez les questions clés vous paraissant utiles à votre préparation.
2. Rappelez les différentes étapes de l'échange et sur quels aspects de votre manière de communiquer vous serez vigilant pour chaque étape.

Corrigé p. 145

En bref...

Un échange en face à face nécessite une bonne maîtrise des techniques de reformulation qui permettent de réguler l'entretien en vérifiant :
- qu'on progresse avec méthode ;
- qu'on se comprend bien ;
- qu'on retient l'essentiel au fur et à mesure.

Le but de cet exercice est de vous entraîner à reformuler l'essentiel d'un message (reformulation-résumé) lorsqu'il atteint un stade de développement avec détails et argumentation.

Pour chaque texte ci-dessous, trouvez une phrase de reformulation qui résume l'essentiel des propos avancés.

Texte 1 : Les amendes

Sur 20 millions d'amendes par an : infractions routières, défaut de ticket transport, contraventions judiciaires, 12 millions ne sont pas réglées dans les délais. Bercy se charge de la gestion des relances de 2 millions d'actes de poursuite. Cette mission lui coûte cher et elle est d'une grande inefficacité. Seuls 2 % des resquilleurs des transports en commun qui ne paient pas sur-le-champ le font ensuite ! Et à peine 35,5 % des contraventions routières sont recouvrées.

Votre reformulation-résumé :

....

....

....

....

Texte 2 : L'impôt

Dix-neuf ans après sa mise en place, la mensualisation de l'impôt sur le revenu n'est adoptée que par 58 % des foyers... Pour Bercy, c'est un échec coûteux, car le paiement mensuel (et non par tiers) permet d'économiser le traitement de millions de chèques trois fois par an et évite d'employer une armée de fonctionnaires pour traquer les mauvais payeurs. Mais le fisc n'a pas su convaincre les gros contribuables qu'ils n'y perdraient pas au change. Il a aussi exclu du système ceux qui ne paient pas leur mensualité à deux reprises et a collectionné les bugs informatiques ce qui a occasionné de nombreux problèmes.

Votre reformulation-résumé :

....

....

....

....

....

Texte 3 : La TVA

En Grande-Bretagne, c'est dix jours ouvrables. En Allemagne, c'est presque immédiat. En France, les grosses entreprises patientent un mois avant que l'État leur rembourse le trop-perçu de TVA. Les autres, c'est-à-dire 99 %, attendent 50 jours en moyenne, et parfois jusqu'à 5 mois, pour que le fisc daigne soulager leur trésorerie. Pourquoi ? Pour tout montant supérieur à 22 867 euros, le dossier remonte au directeur départemental, au lieu d'être traité à l'échelon local, pourtant mieux armé pour détecter les fraudes.

Votre reformulation-résumé :

....

....

....

....

....

Texte 4 : Le poinçon

Répartis dans les 25 bureaux de garantie, 140 agents de Bercy contrôlent 11 millions d'ouvrages en or, platine et argent par an pour y apposer « le poinçon d'État ». Dans leur atelier, aucune machine, mais de simples coupelles dans lesquelles ils réalisent leurs tests comme au temps des alchimistes, en fonction d'un maquis de règlements difficiles à interpréter.

Ce service accordé est gratuit.
Votre reformulation-résumé :

....

....

....

....

Exercice final

Reformulez en une seule phrase vos 4 phrases de reformulation précédentes.

Corrigé p. 147

EXERCICE

Faites du training intensif

L'écoute active n'est pas naturelle, ni spontanée. C'est un véritable apprentissage social. Hormis le travail sur soi pour améliorer sa disponibilité à l'autre et augmenter sa capacité d'empathie, il reste que les pratiques de l'écoute ordinaire et professionnelle gagnent à être perfectionnées grâce à un entraînement régulier.

Le but de cet exercice est de vous inciter à vous servir de situations ordinaires du quotidien comme terrain d'entraînement (déjeuner au restaurant d'entreprise avec les collègues, conversations dans les transports en commun...).

Voici les règles du jeu que vous allez vous imposer.

1. Lancer une conversation et s'obliger à ne jamais donner son avis personnel.
2. Lancer une conversation et s'obliger à ne poser que des questions ouvertes.
3. Lancer une conversation et s'obliger à reformuler toutes les 3 minutes.
4. Lancer une conversation et s'obliger à attendre (faire silence) 2 secondes avant d'enchaîner.
5. Lancer une conversation et s'interdire de poser la question « est-ce que... ? ».
6. Lancer une conversation à 3 ou 4 personnes et jouer à résumer les propos des uns et des autres pour montrer qui est d'accord avec qui.

En stage de formation, l'animateur enregistrera les sketches à la vidéo.

Corrigé p. 148

EXERCICE 10

Savez-vous reformuler pour clarifier ?

Voici deux dialogues qui sont au bord de s'enliser dans la polémique du « ping pong » (oui, mais... mais si... mais non...).

Le but de cet exercice est de vous entraîner à repérer qu'il est utile de recourir à la reformulation lorsqu'une conversation prend une certaine tournure et qu'il est inutile de continuer à « faire du sur place » car, souvent, le vrai terrain d'écoute de l'autre est « caché » derrière le propos de premier plan.

1. Repérez à quel moment du dialogue et avec quelle formulation l'un des deux interlocuteurs déverrouille la situation. En fait, quel(s) est (sont) la(les)vraie(s) préoccupation(s) et le sentiment de l'interlocuteur qui a besoin que l'autre l'écoute derrière les apparences de polémique ?
2. Était-il possible de déverrouiller plus tôt dans la conversation ? Comment ?

Texte 1

A : « Alors, ça, c'est fort ! On a voté non, contre l'Europe, il y a deux ans, et maintenant les politiques, Sarkozy en tête, ont concocté un traité simplifié qu'ils vont adopter au Parlement sans nous demander notre avis...

B : Oui, mais Sarkozy a été élu avec 53 % des voix des Français, donc c'est sa politique qu'on applique.

A : Ah, ben c'est pas étonnant que les Français aient de moins en moins envie d'aller voter... Deux ans avant, on me demande mon avis et deux ans plus tard, on ne me le redemande pas et on n'en tient plus compte...

B : Oui, mais l'Europe, c'est bon pour la France...

A : Oui, mais moi j'avais dit non, comme la majorité des Français. Deux ans avant, c'est pas bon et deux ans après c'est bon ! Je ne comprends plus, je voudrais qu'on m'explique !

B : En fait, si on t'expliquait pourquoi le traité simplifié est meilleur que le traité de Constitution qu'il y avait au début, tu changerais peut-être d'avis alors ?

A : Écoute, je ne suis pas idiot justement, je suis français comme les autres. Au lieu de faire de la politique tout seuls dans leur coin, ils devraient nous expliquer, comme ça, l'Europe, on la ferait ensemble ! »

Texte 2

Le train avait ralenti et entrait dans une gare déserte, excepté un kiosque à journaux ouvert. Lorsque le train se fut stabilisé, Luke, qui s'impatientait de lire la presse du jour, descendit sur le quai et se précipita jusqu'au kiosque. Alors qu'il parcourait les gros titres des journaux en présentoir, le train s'ébranla doucement et quitta la gare à son insu. Lorsque Luke se retourna, il n'en crut pas ses yeux.

« Mais où donc est passé ce train ? demanda-t-il à un porteur.

– Quel train ? Aucun train ne s'est arrêté ici depuis celui de 15 h 04.

– Mais si, il y avait un train, juste là, je le sais bien, j'en suis descendu, c'est le Boat Express.

– Mais, Monsieur, le Boat Express est un direct jusqu'à Londres, il ne s'arrête nulle part.

– Mais si, puisque j'en suis descendu !

– Mais non, je vous dis, c'est un direct.

– Écoutez, je vous dis que si, puisque j'en suis descendu et que je me tiens devant vous. »

Contraint par les faits, le porteur changea de terrain.

« Vous n'auriez pas dû descendre, il ne s'arrête pas ici normalement.

– Mais il s'est pourtant arrêté.

– Non, c'était le signal, il attendait que le signal passe au vert, on ne peut pas dire qu'il s'était arrêté.

– Je ne suis pas au courant, comme vous, de ces nuances techniques. La question est : maintenant, qu'est-ce que je fais ?

– Vous n'auriez pas dû descendre…

– OK… OK…, je l'admets, je me suis trompé. Rien ne sert de se lamenter, ça ne fera pas revenir ce train, je n'ai plus que mes yeux pour pleurer, bla bla bla… Bon, ce que j'essaie de vous dire, c'est que, vous, un porteur avec votre grande expérience depuis tant d'années dans les chemins de fer, et dans cette gare en particulier, que me conseillez-vous de faire ?

– Vous me demandez ce qu'il vaudrait mieux que vous fassiez ?

– C'est ça l'idée ! Il y a des trains, je suppose, qui s'arrêtent, je veux dire s'arrêtent vraiment, dans cette gare, ici ?

– Je pense bien, dit le porteur, vous pouvez prendre le 16 h 25.

– Bon, dit Luke, si le 16 h 25 va à Londres, alors je le prendrai. »

Rassuré, Luke s'assit sur un banc, avec tout le temps devant lui pour lire la presse qu'il venait d'acheter.

(Inspiré du roman d'Agatha Christie, *Murder is easy*)

Corrigé p. 149

CORRIGÉS

Corrigé de l'exercice 1

Cochez, pour chaque cas, le numéro de la réponse que vous avez choisie.

Cas Attitudes	n° 1	n° 2	n° 3	n° 4	n° 5	n° 6	n° 7	n° 8	n° 9	n° 10	Total
Ordre	7	4	2	5	7	1	3	6	4	3	
Conseil	3	6	4	2	5	6	1	7	2	4	
Évaluation	4	5	7	4	1	3	2	5	6	1	
Soutien	2	2	6	1	3	5	4	3	1	6	
Interprétation	6	3	1	7	2	7	5	4	5	2	
Questionnement	1	7	5	3	4	2	6	1	7	5	
Reformulation	5	1	3	6	6	4	7	2	3	7	

On considère qu'une attitude est marquée et spontanément prédominante au-delà de 4 réponses totalisées.

◆ **Les attitudes d'influence immédiate** (ordre – conseil – soutien – évaluation – interprétation) :

– ne favorisent pas les échanges ;

– maintiennent et accroissent les systèmes de défense en encourageant le repli sur soi ;

– augmentent la dépendance et l'assistanat ;

– diminuent momentanément l'anxiété mais ne permettent pas la résolution des problèmes ;

– entretiennent la déresponsabilisation.

À l'inverse,

◆ **Les attitudes de consultation** (questionnement et reformulation) :

– favorisent les échanges ;

– atténuent les systèmes de défense ;

– développent et responsabilisent l'autonomie ;

– dirigent vers la solution personnalisée du problème ;
– créent les conditions du dialogue constructif.

L'analyse de vos réponses peut s'expliquer ainsi :

Évaluation

Vos réponses sont évaluatives, c'est-à-dire qu'elles impliquent un point de vue moral personnel et comportent un jugement (critique ou approbateur) à l'égard d'autrui.

Interprétation

Vos réponses sont des interprétations de ce qui vous est dit. Vous retenez ce qui paraît l'essentiel à vos yeux et votre esprit cherche une explication. En fait, vous opérez une distorsion par rapport à ce que l'autre voulait dire, vous déformez sa pensée.

Soutien

Vos réponses visent à apporter un encouragement, une consolation ou une compensation. Vous compatissez beaucoup et vous pensez qu'il faut éviter qu'autrui ne dramatise.

Questionnement

Vous vous empressez d'en savoir davantage et vous orientez l'entretien vers ce qui vous paraît important. Si votre attitude est trop forte ici, vous risquez de bloquer l'autre en lui donnant l'impression que vous le soumettez à un interrogatoire.

Ordre ou conseil

Vos réponses tendent à apporter une solution immédiate au problème. Vous réagissez par l'action et en poussant à l'action. Vous voyez tout de suite l'issue que vous, vous choisiriez ; vous n'attendez pas d'en savoir davantage.

Reformulation

Vos réponses sont compréhensives et reflètent un effort pour vous introduire sincèrement dans le problème tel qu'il est vécu par l'autre. Vous voulez d'abord vérifier que vous avez bien compris ce qui a été dit. Cette attitude relance l'interlocuteur et l'entraîne à s'exprimer davantage, puisqu'il a la preuve que vous écoutez sans préjugé.

Essayez de réfléchir à votre attitude prédominante et de rechercher toutes les manières dont vous l'exprimez autour de vous, avec vos proches, avec vos amis, avec vos collaborateurs.

Notez aussi les types de réaction fréquents que vous avez ainsi déclenchés sans le savoir et que vous pouvez maintenant rapporter à votre propre attitude comme inductrice de ces réactions.

....

....

....

....

Corrigé de l'exercice 2

◆ **Ne pas être réactif d'emblée :** c'est ne pas être impulsif, ne pas s'opposer, réfuter immédiatement, ni juger ce qui vient d'être dit.

◆ **Avoir une attitude questionnante :** c'est interroger ce qui vient d'être dit, transformer ce que vient de dire l'autre en question.

◆ **Se centrer sur l'autre :** c'est faire miroir sur ce qui vient d'être dit en le répétant sur un ton interrogatif.

◆ **Clôturer son intervention par une « invite » : qu'en pensez-vous ?** C'est inciter l'interlocuteur à compléter, approfondir, s'exprimer sur sa propre opinion.

◆ **Faire dire plutôt que dire :** c'est privilégier en toutes circonstances le réflexe d'interroger plutôt que de suggérer.

◆ **Ne pas étouffer la question :** c'est laisser l'interlocuteur aller au bout de sa question, même s'il a du mal à la formuler, laisser un silence (1 à 2 secondes).

◆ **Éviter les rafales de questions :** c'est ne pas poser plusieurs questions à la fois.

◆ **Réguler l'échange par la reformulation :** c'est intervenir pour resituer les choses dites et rechercher une validation.

◆ **Freiner les projections personnelles :** c'est éviter l'usage abusif des questions trop suggestives (du type « est-ce que vous ne pensez pas que… ? »).

◆ **Préparer et suivre un canevas de déroulement :** c'est avoir une provision de questions, organisée selon un fil directeur logique et chronologique.

Corrigé de l'exercice 3

1. Nicolas compte bien fêter l'âge de raison *(c'est quel âge ?)* à l'étranger. Il attend avec impatience son départ pour l'une des filiales européennes du groupe. Aujourd'hui, il apprend les subtilités *(c'est-à-dire ?)* du recrutement. Ce concours interne, s'il le réussit, lui donnera accès à un poste de sous-directeur dans une caisse régionale. Il peut caresser un espoir un peu fou : diriger un jour le groupe qui l'emploie. Repéré après quelques années d'expérience *(combien ?)*, inscrit au fichier des « cadres à haut potentiel » *(quels sont les critères ?)*, il est en observation continue en vue de remplacer un jour un cadre dirigeant.

2. Le sommeil est le grand ami de la mémoire. Pendant que nous dormons, notre inconscient travaille. Il fait le ménage. Dormir combien de temps ? Cela dépend des tempéraments *(qu'entend-on par tempérament ?)*. On dort en principe moins longtemps en vieillissant *(combien d'heures en moyenne après 60 ans par exemple ?)*. Dans la petite enfance, évidemment, il faut dormir davantage *(combien d'heures en moyenne un enfant en bas âge doit-il dormir ?)*. Un conseil : ne dites pas à n'importe qui que vous travaillez votre mémoire, sinon, on vous posera immédiatement des « colles ».

3. Un commerçant venait d'éteindre les lumières dans le magasin quand une personne prénommée Dominique *(un homme ou une femme ?)* apparut et demanda de l'argent. Le propriétaire ouvrit une caisse enregistreuse. Le contenu *(l'argent ou autre chose ?)* de la caisse enregistreuse fut ramassé *(par qui ?)* et la personne *(Dominique ?)* partit en courant. Un officier de police fut averti immédiatement *(par qui ?)*.

4. Sur le bassin d'Arles, la crue du Rhône, en décembre 2003, sinistre de nombreuses entreprises *(combien ?)* et quelques milliers de personnes *(combien exactement ?)* : 80 % de la zone industrielle où se trouve l'usine Lustucru est inondée. Les salariés de la rizerie se mobilisent pour remettre le site en état. Mais, en mars 2004, la décision est prise de ne pas réhabiliter le site *(pour quelles raisons ?)*. Les salariés *(combien ?)* entament l'occupation des lieux. Tous les salariés *(combien ?)* ne seront pas reclassés. Le plan social se termine avec la fermeture de l'antenne emploi mise en place *(à quelle date exactement ?)*.

5. La Chine a engagé la révision de son Code du travail. Soucieux d'éviter la déstabilisation sociale et de limiter les abus souvent dénoncés *(lesquels ?)* dans les entreprises du Sud industriel, Pékin va dans un sens résolument plus protecteur *(c'est-à-dire ?)* pour les salariés. Le texte proposé est beaucoup plus complet et précis que le code aujourd'hui en vigueur. Le projet rend le droit du travail moins flexible *(sur quoi exactement ?)* et encadre davantage le contrat de travail et les conditions de licenciement *(comment précisément ?)*. Le temps de probation est limité

(à combien ?), de même que le travail temporaire *(c'est-à-dire ?)*. Les pouvoirs des syndicats sont renforcés *(grâce à quoi et sur quoi ?)*.

Corrigé de l'exercice 4

En autoformation

Il n'est pas toujours facile d'être conscient de ses propres pratiques (« l'observateur s'observant »). Néanmoins, c'est en utilisant cet outil et en y pensant pendant la préparation de votre entretien que votre niveau de conscience s'élèvera. Ainsi, avant de commencer un entretien, donnez-vous un objectif de progrès sur 1 ou 2 comportements spécifiques, ce qui contribuera à vous programmer mentalement pour augmenter votre vigilance sur ce point pendant le déroulement de l'entretien.

En formation de groupe

Si vous enregistrez des jeux de rôles à la vidéo, pendant le déroulement de l'entretien, les observateurs peuvent remplir un circept pour chaque acteur du face à face. En fin de jeu, les observateurs peuvent ainsi prodiguer un « feedback » aux acteurs.

Corrigé de l'exercice 5

Entourez les lettres qui correspondent à vos réponses et comptez le nombre total de réponses par colonne.

	Écoute égocentrée	**Écoute allocentrée**
1	a b	b d
2	c d	a b
3	b c	a d
4	b c	a d
5	c d	b a
6	a c	b d
7	a d	b c
8	a d	b c
9	a c	b d
10	c d	a b
	Total :	**Total :**

CORRIGÉS

◆ Si vous avez un maximum de points en « Écoute égocentrée »

On pourrait dire que vous écoutez l'autre à travers votre propre filtre, vous avez tendance à opérer comme une sorte de sélection dans les propos de l'autre comme pour ne retenir que les morceaux qui vous intéressent ou ceux qui heurtent vos valeurs.

Peut-être courez-vous également le risque de sortir de l'attitude empathique pour déraper dans des comportements qui ne sont plus ceux de l'écoute :

Juger	Projeter (« c'est bien », « c'est mal ») Influencer Forcer la main
Réfuter	Contrer (« non, mais », ou « oui, mais ») Convaincre (« je vais t'expliquer »)
Surenchérir	Adopter la position de l'autre en allant encore plus loin
Manifester sa réactivité émotionnelle	Montrer sa colère, son agacement, son impatience par les mimiques, la gestuelle, la posture ou la voix

Alors que l'écoute active exige évidemment que vous interrompiez vos propres pensées, sentiments, évaluations et jugements, de manière à vous consacrer exclusivement au message de l'émetteur.

◆ Si vous avez un maximum de points en « Écoute allocentrée »

Il semble que vous ayez intégré que, pour vraiment comprendre le message dans le sens de votre interlocuteur, il vous faut partager son cadre de référence, sa vision de la réalité et du monde. Celui qui écoute comprend ainsi le message, **dans le sens voulu par l'émetteur**.

L'écoute active, cependant, comporte aussi ses propres risques. Certaines réactions se produisent chez une personne quand elle pratique l'écoute active. Pour comprendre exactement ce qu'une autre personne pense ou ressent d'après son point de vue, pour se mettre momentanément à sa place, pour voir le monde comme l'autre le voit, l'écouteur **court le risque de voir ses propres opinions et attitudes changer**. Autrement dit, on est en fait transformé par ce qu'on comprend vraiment.

En demeurant « ouvert à l'expérience » d'un autre, on encourt la possibilité de devoir **réinterpréter sa propre expérience.** La personne qui ne peut pas écouter les autres est « sur la défensive » : elle ne peut pas se permettre de s'exposer elle-même aux idées et aux points de vue qui sont différents des siens.

Bref, la communication efficace qui requiert à la fois la congruence (émission claire) et l'écoute active (réception adéquate) comprend deux risques : révéler qui nous sommes vraiment et la possibilité de devenir différent. Peu d'entre nous trouvent facile de courir ces risques.

Corrigé de l'exercice 6

Au cours du visionnage des enregistrements, il est intéressant de mettre en évidence que l'écoute est particulièrement utile en début d'entretien pour explorer la position de son interlocuteur. Il peut être également profitable de réfléchir aux objectifs des entretiens que l'on a avec autant d'interlocuteurs dans une journée ou une semaine. À chaque fois, une partie de l'entretien sera consacrée à s'écouter mutuellement pour bien se comprendre avant d'avancer plus loin vers l'objectif final de l'échange.

L'écoute au service des différents objectifs d'un entretien de face à face

S'informer			Évaluer
Exemples			Exemples
Faire un audit Faire une enquête Interviewer Sonder			Recruter Apprécier les performances Évaluer Faire un diagnostic
Aider			**Influencer**
Exemples			Exemples
Résoudre un problème Gérer un conflit Enseigner Faire un « coaching »			Négocier Persuader Motiver Déléguer

Corrigé de l'exercice 7

Pour vous préparer : liste des questions clés

Quelle est ma finalité ? À quoi je veux aboutir ?

Quel est le sujet ? Quelles sont ses limites ?

Quel est l'enjeu ? À quoi doit servir cet entretien ?

Quelles sont les règles du jeu ?

Qu'est-ce que je risque ?

Qu'est-ce que je suis prêt à dépenser :
– en énergie ?
– en temps ?

CORRIGÉS

Quel est le profil de mon interlocuteur ?
– que sait-il du sujet ?
– que faut-il lui rappeler ?
– de quel niveau de relation partons-nous ?

Quel sera mon plan ?
– quels points je veux aborder ?
– quelles sont les questions pour lesquelles j'ai besoin d'une réponse ?
– quels sont les arguments dont je dispose ?
– quelles sont les propositions que je suis prêt à faire ?
– jusqu'où suis-je prêt à aller ?
– quels sont mes atouts ?

Quels sont les réflexes de communication constructive sur lesquels je veux rester vigilant ?
– disposition spatiale ;
– attitude physique ;
– intonation ;
– qualité de la relation.

2. Plan de l'entretien annuel

I. Contact

– Prendre le temps de respecter les rituels d'entrée en relation.

II. Poser le cadre

– Clarifier les buts de l'entretien et annoncer votre intention d'en faire une occasion d'échanger de façon constructive.
– Annoncer le plan de l'entretien.

III. Susciter le dialogue

– Sous la forme d'un échange libre, vous chercherez à comprendre comment votre interlocuteur a perçu son année et envisage l'avenir.
– Vous questionnerez, reformulerez.
– Vous synthétiserez l'ensemble du point de vue de l'autre et vérifierez qu'il est d'accord.

IV. Bilan des résultats

– Vous ferez ici le point sur l'année écoulée en n'omettant ni les échecs, ni les réussites.
– Vous donnerez votre point de vue de façon générale d'abord, détaillée ensuite.
– Le but n'est pas de polémiquer ni de tomber d'accord.

– À chaque désaccord, vous reformulerez les deux points de vue.

– Vous synthétiserez finalement en vérifiant que l'autre est d'accord sur votre formulation du bilan (qui comprendra par conséquent les points de désaccord).

V. Étude des objectifs

– Définition des objectifs pour l'ensemble du service desquels découlent la définition des objectifs de l'interlocuteur (collaborateur).

– Mise en évidence de sa contribution à la réalisation commune par l'énoncé de ses objectifs individuels.

VI. Proposer des moyens

– Matériels

– Budget

– Temps

VII. Élargir le débat aux aspirations personnelles

– Il s'agit ensuite de passer sur un plan plus personnel et d'écouter ce que le collaborateur a à dire sur ses aspirations personnelles à plus long terme.

– L'enjeu est d'aider le collaborateur à réfléchir sur son avenir pour pouvoir, le cas échéant, lui apporter une aide en matière de formation.

VIII. Chercher un accord

– Récapitulez l'ensemble de l'entretien et des points d'accord (objectifs, moyens...), ainsi que les points de désaccord ou les questions en suspens et proposez un calendrier de résolution pour obtenir un accord de l'autre sur le principe de coopération.

IX. Remercier

– Remerciez votre interlocuteur d'avoir participé activement de façon constructive à l'entretien et rappelez vos engagements respectifs.

Corrigé de l'exercice 8

Texte 1

Plus de la moitié des amendes dressées aux Français ne sont pas réglées dans les délais et, malgré les relances coûteuses de Bercy, un grand nombre reste impayé.

Texte 2

Malgré les efforts de Bercy, il reste encore 40 % des foyers français qui ne sont pas mensualisés pour l'impôt sur le revenu, ce qui représente le coût astronomique de millions de chèques à traiter 3 fois par an, y compris la relance des mauvais payeurs.

Texte 3

La France détient le record européen de lenteur dans le remboursement aux grosses entreprises du trop-perçu de TVA, la faute à un circuit hiérarchique à plusieurs échelons.

Texte 4

Le poinçon d'État sur les métaux précieux est gratuit ; pourtant, c'est plus d'une centaine de fonctionnaires qui s'y emploient à la main, comme au Moyen Âge.

Reformulation synthèse

Le ministère des Finances serait un temple du gaspillage avec ses méthodes inadaptées, coûteuses, inefficaces et archaïques.

Corrigé de l'exercice 9

1. Réfléchissez individuellement après chacun de vos entraînements

Nous estimons qu'il y a un **VOULOIR** et un **SAVOIR** écouter. Cela exige une forte disponibilité et un travail sur soi-même : diminuer la réactivité, les tendances égocentrées et projectives pour pouvoir écouter.

Vouloir **écouter** suppose de développer certaines habiletés :

Avoir une curiosité bienveillante.

Chercher à comprendre ce que dit son interlocuteur dans sa propre logique :

– Écoutez votre interlocuteur en ayant cette phrase en tête : « Qu'est-ce qu'il veut me dire à travers ses paroles ? » « Quel est son point de vue, sa préoccupation ou ce qu'il ressent ? »

– **Se concentrer** sur ce qui est dit. Utiliser le temps de la communication, uniquement à ce qui s'échange **ici et maintenant**.

À trois niveaux :

Niveau non verbal : la manière de dire dépasse les mots et leur sens (l'observation et l'écoute des signes renseignent sur la façon dont est vécu ce qui est dit).

Niveau verbal : le choix des mots, le thème abordé, l'enchaînement des idées apportent un éclairage sur l'univers de notre interlocuteur.

Niveau des croyances : ce qui renvoie à des valeurs, à un système de références et de représentations qui sert à baliser l'univers de l'autre.

Dans la vie ordinaire, l'empathie est intimement liée au degré d'ouverture intellectuelle, au sens de l'objectivité et au niveau de maturité émotionnelle :

– **l'ouverture intellectuelle** consiste à être curieux d'apprendre, de rencontrer, de connaître et de comprendre d'autres individus et d'autres idées ;

– **l'objectivité** revient à prendre conscience que, sur toute question, il existe des points de vue différents des siens. Cela permet de prendre contact avec le monde de façon plus réaliste, au lieu de découper dans ce que l'on écoute seulement ce qui rassure, satisfait ou au contraire inquiète ou irrite ;

– **la maturité émotionnelle** permet de tout entendre sans être désarçonné ou bouleversé en cherchant à transposer en langage neutre les énonciations fortement émotionnelles des autres.

2. En stage de formation, l'animateur visionnera les enregistrements et pointera les progrès réalisée d'un jeu à l'autre.

Corrigé de l'exercice 10

Texte 1

Le dialogue correspond plutôt à deux monologues parallèles.

A se plaint que les gouvernants de son pays, la France, ne prennent pas en compte son avis pour construire l'Europe. Il est bien plus frustré de ne pas être associé aux décisions prises sur le fonctionnement de l'Europe que figé sur sa position contre le traité.

B est centré sur sa propre logique. Les Français ont voté en grande majorité pour N. Sarkozy. S'il dit oui au traité simplifié, il n'y a pas besoin de faire un référendum puisqu'il fait la politique pour laquelle la majorité des Français l'a élu.

B a du mal à entendre que le vrai sujet de querelle de A, c'est qu'on ne lui demande pas son avis. Même lorsque B fait une tentative de reformulation à l'avant-dernière phrase, il n'arrive pas à clarifier pleinement ce qui préoccupe A.

Bien essayé quand même...

B pourrait changer le scénario en interrogeant A dès son premier propos avec une question alternative, par exemple :

B : « Ce qui te gêne, c'est plutôt que, cette fois, il n'y ait pas de référendum ou qu'on soit passé à un traité simplifié ? »

Texte 2

Luke est interloqué de ce qui vient de lui arriver et paniqué à l'idée de rester coincé dans cette gare. Ses propos en deviennent presque incohérents.

C'est justement sur ce plan que le porteur se situe dans sa propre logique pour lui répondre : pointer à Luke que ses propos ne se tiennent pas. Or démontrer rationnellement à quelqu'un d'affolé qu'il a tort et que ce qu'il dit est impossible n'a rien d'une attitude d'empathie !

Le porteur pouvait faire mieux en se centrant sur Luke et en observant plus attentivement son état de panique. Puis il pouvait l'interroger, par exemple :

– « Dans quel train étiez-vous, Monsieur ?

– Le Boat Express.

– Normalement, ce train ne s'arrête pas dans cette gare, c'est un direct. Comment cela s'est-il passé quand vous êtes descendu ?

– Eh bien, il a ralenti et s'est immobilisé... et je suis descendu simplement ; j'ai acheté mes journaux au kiosque et quand je me suis retourné, il avait disparu, tout ça en une minute, à peine...

– Je vois, je crois comprendre ce qui a pu se passer, etc. »

Deuxième erreur d'écoute du porteur : il culpabilise Luke (« Vous n'auriez pas dû descendre »).

Finalement, le meilleur écoutant dans ce dialogue est Luke qui, après quelques instants nécessaires pour descendre du niveau émotionnel intense de panique et reprendre ses esprits, trouve les mots justes pour amener le porteur à l'écouter plus attentivement : il admet s'être trompé (donnant raison en ce sens au porteur) et envoie des signes de reconnaissance flatteurs (« avec votre grande expérience... »), le tout provoquant chez le porteur une reformulation spontanée : « Vous me demandez ce qu'il vaudrait mieux que vous fassiez ? »

Il était temps !

Troisième partie

POUR ALLER PLUS LOIN

Programme d'une session de formation de 2 jours

Objectifs

– Prendre conscience de l'importance de l'écoute.

– Améliorer ses compétences d'écoute.

– Acquérir des réflexes d'écoute active.

Première journée

Matin

– Présentation du programme.

– Témoignages des participants sur leurs observations concernant l'écoute (tour de table).

– Exposé des enjeux de l'écoute (chapitre 1).

Pause

– Travail en sous-groupes: observation des attitudes d'écoute au quotidien.

– Debriefing: enseignements tirés.

Après-midi

– Réalisation de l'exercice 1 sur les attitudes d'écoute et le test de Porter.

– Réalisation de l'exercice 2 sur les comportements de base en matière d'écoute.

– Exposé sur la recherche de l'écoute empathique (chapitre 2).

– Discussion.

Pause

– Réalisation de l'exercice 4 sur comment évaluer son écoute en entretien.

– Synthèse de la journée.

Deuxième journée

Matin

– Rappels des enseignements de la journée 1.

– Réalisation de l'exercice 5 sur l'auto-diagnostic.

– Debriefing.

Pause

– Réalisation de l'exercice 6 sur les jeux de rôles.

– Debriefing.

– Exposé de synthèse sur les techniques d'écoute active (chapitre 3).

Après-midi

– Réalisation de l'exercice 7 sur l'entraînement au questionnement.

– Debriefing.

– Réalisation de l'exercice 8 sur les techniques de reformulation.

– Réalisation de l'exercice 10 sur la reformulation/clarification.

– Réalisation de l'exercice 9 sur le training intensif d'écoute active.

Pause

– Débat autour du thème des applications de l'écoute (chapitre 4).

– Enseignements tirés.

– BILAN.

LEXIQUE

Affect : 1. Terme générique recouvrant tout ce qui est éprouvé au niveau affectif : plaisir, douleur, souffrance morale, besoin, désir, impulsion, émotion, sentiment, motivation. Au sens strict, quota d'énergie affective ou « élément » d'affectivité (théorie élémentariste).

2. Synonyme d'émotion, il renvoie à la capacité d'éprouver, de se sentir « touché », ému, « affecté », dans son acception courante. Max Pagès le définit comme « qualité de l'expérience psychique » ; ce serait la tonalité de plaisir ou de déplaisir, composante de toute émotion. « Plaisir, souffrance, amour, haine, jalousie : l'affect, comme quantité d'énergie, fonctionne comme aiguilleur ».

3. Dans la dynamique freudienne de l'inconscient, les affects sont des « quotas » d'affectivité indifférenciée qui peuvent se déplacer et intensifier ultérieurement tel ou tel sentiment.

Affectivité : 1. Au sens ordinaire, ensemble des affects. Plus précisément : niveau d'existence où toutes les significations du perçu (et les comportements correspondants) sont vécues, non réfléchies et à expression psychosomatique (mettant en jeu des réactions organiques et physio-logiques).

2. Niveau d'existence et de conscience non réfléchie correspondant à tout ce qui est éprouvé de manière personnelle et « vécue ». Ce niveau est psychophysiologique, c'est-à-dire que tout ce qui s'y passe retentit sur l'état de l'organisme. Les émotions, les sentiments, les passions, les valeurs, les désirs font traditionnellement partie de ce qu'on appelle l'affectivité. L'affectivité s'exprime aussi dans les significations personnelles que nous donnons à ce qui nous entoure et à ce qui nous concerne.

Attention : Désigne la capacité d'augmenter l'efficience psychique par un effort de concentration mentale sélective dans un secteur déterminé. Comme telle, ne constitue pas une faculté ou une fonction spéciale, mais plutôt une condition de l'activité mentale. Elle peut se manifester de façon spontanée ou volontaire, et se vérifie dans tout comportement que mobilise, de manière momentanée, une motivation prééminente. Pour la gérer, il importe de prendre en compte le dynamisme des intérêts dont elle est la résultante. Elle relève, en effet, de « stimuli » à motivations faibles et de « stimuli » à motivations fortes, dont l'usage alterné peut épargner la fatigue et les distractions. En psychanalyse, l'attention flottante caractérise selon Freud, la manière d'écouter de l'analyste dans un rapport d'inconscient à inconscient, « comme le récepteur téléphonique à l'égard du microphone », en évitant toute idée préconçue et en se laissant surprendre par tout fait inattendu. Pour Th. Reik, il s'agit là «d'écouter avec la troisième oreille ».

Attitude : 1. Au sens ordinaire, posture expressive corporelle. Au sens social ordinaire, c'est un comportement significatif vis-à-vis d'autrui. Au sens psychologique scientifique, une attitude est à strictement parler une prise de position, génératrice d'opinions et d'actions sur un problème ou dans des circonstances données. Cette prise de position elle-même peut être l'actualisation d'une attitude latente, c'est-à-dire d'une prédisposition (chronique et habituelle ou au contraire réactionnelle à une expérience ou à des circonstances) à percevoir d'une certaine façon les problèmes et à répondre dans un certain sens.

2. Ce concept de la psychologie et de la psychologie sociale connaît un grand développement depuis une trentaine d'années, corrélativement à l'extension des recherches sur les opinions, les motivations et les changements de comportement.

A) Au sens banal commun, attitude comme posture du corps, généralement (exemple : le peintre ou le sculpteur fait prendre telle attitude à son modèle).

B) Attitude comme synonyme d'opinion, dans la mesure où toute opinion implique une « prise de position ».

C) Attitude comme rôle joué consciemment et volontairement de manière à répondre une situation professionnelle ou sociale (exemple : « les attitudes de l'animateur dans une réunion-discussion bien conduite »... ou « dans ce débat, M. X... a pris délibérément une attitude d'arbitre et de conciliateur »).

D) Attitude comme rôle personnel joué involontairement, spontanément, et de manière non réfléchie, dans une situation interhumaine. Dans ce cas, l'attitude semble faire partie de la personnalité et en est, d'une certaine manière, une constante.

E) Attitude comme prédisposition générale à prendre telles positions ou à avoir tel genre de jugement, à réagir par tel genre de comportement, dont on pourra mesurer l'« intensité » ou la force de conviction personnelle et d'engagement dans l'action correspondante. Ce sens est apparenté aux sens 2 et 4, et on parle plus couramment alors d'attitude latente, antérieure à la rencontre du problème ou de l'information qui fera jaillir l'opinion ou le rôle. Dans ce sens, on parle d'« attitude devant le travail ».

F) Attitude comme structure personnelle profonde et thème de l'Univers vécu. Structures dynamique de l'affectivité, ces attitudes inconscientes façonnent la manière générale d'être-au-monde et peuvent se rationnaliser secondairement en « conception de la vie ».

Bruit : 1. Toute perturbation de la transmission de l'information dans un système de communication. Un bruit peut être un parasite aussi bien qu'une information surajoutée.

2. En un sens, « le bruit c'est la vie ». Il y a des bruits agréables. Mais en un autre sens, le bruit, c'est la nuisance, l'obstacle à toute communication. Les décibels consommés en masse deviennent toxiques ou occasionnent des stress sonores. Le bruit fait les sourds (ou mal-entendants). De même, ce qui diminue l'information s'appelle bruit : si le rapport signal/bruit devient égal ou inférieur à 1, l'information est détruite. De nature non plus physique mais psychologique, le bruit s'apparente à la cacophonie interne des activités mentales. Il y a des esprits bruyants : les bavards les font entendre.

3. La « friture » sur la ligne téléphonique par ex., est un bruit, mais aussi bien le bégaiement de l'émetteur ou l'antipathie du récepteur.

Communication non-verbale : 1. Communication qui se fait par d'autres moyens que les mots employés, par les modalités de la voix (volume, ton, rythme, tempo), par la gestuelle (les gestes, les expressions, les postures, les attitudes ou les mouvements).

2. Elle désigne couramment tout ce qui n'est pas du langage parlé ou écrit. Elle comprend le langage du corps ou langage kinésique (mimiques, gestes...), la proxémique (distance sociale de communication entre individus), le paralangage (bruits, borborygmes, soupirs...), ainsi que tous les stimulus olfactifs, tactiles (sensibilité au contact, à la température...) et la représentation extérieure, notamment la tenue vestimentaire et les accessoires (cravates, bijoux, pochettes...).

La PNL s'est particulièrement attachée depuis les travaux de Grinder et Bandler à déchiffrer le sens des éléments non verbaux qui interviennent dans la communication, comme par exemple les mouvements des yeux qui accompagnent la parole. Globalement, on peut dire que les bons communicateurs ont tendance à se synchroniser spontanément sur les postures, les gestes et les rythmes de leurs interlocuteurs. Une certaine harmonie faciliterait donc la communication.

En expression orale, on travaille sur la « mise en scène » de la parole, c'est-à-dire une certaine théâtralité afin que les gestes expressifs l'emportent sur les gestes de contenance (se gratter, battre des mains, tortiller un objet). On peut dire que le mouvement aide la parole.

Comprendre : Classiquement le verbe a deux sens selon qu'il s'agit de l'action de l'intelligence s'exerçant sur un problème dont on cherche la solution ou sur un ensemble de données dont on cherche les rapports objectifs... ou de l'action de la sympathie s'exerçant sur un autre être dont on partage les sentiments ou dont on admet les mobiles. Dans le premier cas, si l'on comprend, on est intelligent ; dans le second cas, si l'on comprend, on est compréhensif.

Congruence : 1. Selon Rogers : état de celui qui parvient à vivre en réelle conformité avec ce qu'il est (ou ce qu'il suppose être) et ce qu'il croit (ses valeurs), de la manière la plus authentique.

2. C'est la concordance observable entre ce que la personne dit, ce qu'elle pense et ses comportements. Il y a une incongruence lorsque l'un de ces éléments est discordant par

rapport aux autres (par ex. elle dit « oui » en faisant non de la tête).

3. Qualité qui conduit à des comportements et à des décisions en rapport avec les attentes, le contexte, les besoins. Être congruent, c'est faire du « sur-mesure », c'est tenir compte des éléments extérieurs pour être en résonance, en harmonie avec eux. C'est chercher la meilleure voie entre ce que l'on veut et ce qui est souhaitable et possible pour les autres. La congruence exige de l'empathie, de l'intuition, du recul ; elle débouche sur un sens éprouvé de l'unité de soi et du rapprochement aux autres.

Conscience : Ensemble de valeurs, de réalités, de références, constituant le patrimoine de connaissances et de perceptions d'une personne, d'un groupe, d'une société (« conscience collective » décrite par Durkheim). La vision lucide de ces aspects est à la base de réactions communes, comme le sentiment d'appartenance à une nation, d'adhérer à une démarche collective dans laquelle se décantent des phénomènes importants, en liaison avec l'actualité et diffusés par les médias : racisme, violence, conflits, pacifisme, sexisme, manifestations, courants d'idées, nucléaire…

Considération : La considération est, au sens classique, l'estime et l'égard que l'on porte à autrui. Dans la théorie des besoins. A. Maslow désigne la considération sous la forme du besoin d'estime qui prendrait deux formes : 1) l'une fondée sur la compétence telle qu'elle est vécue par la personne elle-même ; 2) l'autre fondée sur le statut et le prestige qui s'attachent au poste.

Pour d'autres auteurs comme T. Todorov, la considération renverrait au besoin crucial de reconnaissance. Dans son livre, *La vie commune*, T. Todorov affirme que « la reconnaissance que nous demandons à autrui est multiforme et omniprésente ».

Dans la vie sociale, le manque de considération à l'égard de certaines professions ou fonctions est souvent à l'origine de bien des revendications (infirmières, métiers manuels, etc.)

Distanciation : La distanciation comme prise de recul est une des caractéristiques les plus fondamentales de l'espèce humaine : capacité de discourir sur ses propres discours, de se voir par les yeux d'un autre. Dans son acception d'acte volontaire visant à établir une distance entre un phénomène et sa perception, le terme même de « distanciation » *(Entrefremdung)* remonte à Schiller. À l'idée de distance esthétique, Bertold Brecht rajoute celle de distance critique de nature désaliénante : « L'effet de distanciation a lieu quand ce qu'il s'agit de faire comprendre est transformé de chose habituelle, familière et immédiate qu'elle était en une chose singulière, frappante (voire choquante), inattendue. Ainsi, pour qu'un homme voie sa mère comme la femme d'un homme, il faut un effet de distanciation qui surgit par exemple lorsque celle-ci se remarie » (Appendice à la *Nouvelle technique de l'art du comédien*).

Écho (réaction en) : En relation duelle ou groupale, réponse en écho (ou miroir) du thérapeute ou de l'animateur, soit à son interlocuteur, soit aux participants d'un groupe. Cette forme d'écoute élargit le champ de réflexion de l'interlocuteur ou des participants, à partir de leur propre discours. Les réactions en écho, dans un groupe, correspondent à la verbalisation de ce que les participants ont ressenti et vécu au cours de la séance.

Écoute : Aptitude fondamentale en matière de communication. Elle consiste à être disponible pour comprendre et assimiler les énoncés des partenaires. L'écoute se mesure à travers la capacité de reformuler, de questionner en prise directe sur le déroulement du dialogue, de relayer les propositions en les enrichissant ou les réfutant. L'écoute se perçoit de façon empirique à travers certains signes extérieurs (mouvements de la tête, du visage, des yeux…). La reformulation qui est une expression pure de l'écoute constitue un atout en matière de discussion. C'est la garantie de la tolérance, de la compréhension et de l'efficacité (recul des risques du « dialogue de sourds »).

Effet de halo : Tendance à évaluer un trait particulier par référence à une impression globale ou à une autre caractéristique sans relation objective avec le trait évalué.

Émotion : Du latin *e-movere* « faire sortir de », au sens fort et étroit, c'est un état affectif violent qui trouble physiologiquement (tremblement, pâleur, crispation…) et intellectuellement (confusion des idées, perte du sens critique…). Sur un autre plan, l'émotion est plutôt considérée comme un sentiment (joie, tristesse, espérance…). Si l'émotion-sentiment peut inhiber, elle peut aussi libérer et inspirer. En ce sens, Bergson parle d'*émotion créatrice*. En fait, l'émotion est un état affectif riche, complexe et plus nuancé que le plaisir ou la douleur, tout en étant moins durable que la passion. L'expérience des émotions varierait selon les sociétés (la colère fait serrer les poings d'un Européen et ouvre les yeux ronds à un Chinois). Darwin voyait dans l'émotion adaptive utile, Janet la cataloguait comme une « déroute » de l'individu quand H. Wallon la considérait comme un « langage » avec le monde. Bien que mal expliquée et difficile à saisir, certains comme Hans Selye ont bien mis en évidence son rôle, par exemple dans le stress et les affections psychosomatiques. Des travaux modernes (Hodge, Hebb et K.H. Pribam) ont tenté de montrer que l'état émotionnel dépendrait avant tout de l'importance du besoin et de la probabilité de sa satisfaction. L'émotion naîtrait donc un décalage entre les possibilités de réponse d'un sujet et les exigences de la situation.

Empathie : 1. Du grec *empatheia* : Se rapprocher d'autrui pour le connaître en tant que tel, entrer dans sa logique, en restant soi mais en faisant « comme si » par une attitude de tolérance d'écoute active.

2. Synthèse de la décentration (sortir de soi et de son propre système d'opinions ou de valeurs, gage d'objectivité et de l'implication (participation à un vécu étranger à soi). Méthode générale des sciences humaines. Attitude spéciale envers autrui, constituée par : la présence au sens psychologique fort, l'attention centrée sur ce qu'éprouve affectivement l'autre, l'effort de compréhension de ce qu'il exprime en excluant l'entraînement affectif personnel (amour, sympathie, hostilité, antipathie) autant que le jugement.

3. Cet état d'esprit qui cherche à échapper à la dichotomie entre l'objectivité de l'acte de connaissance et de la subjectivité de la sympathie-identification est à recommander dans la lecture. Elle revient à refuser à la fois préjugé et adhésion pour adopter à l'égard du texte une attitude de bienveillance vigilante.

Entendu : Avec entendement, synonyme d'intelligence, entendu exprime l'acceptation et la compréhension d'un message ou d'une explication. Dans « bien entendu », « bien » renchérit jusqu'à pointer une évidence. Le *malentendu* tend à souligner la part involontaire de la non-compréhension entre interlocuteurs. Le *sous-entendu* laisse entendre dans un discours, parfois sous forme d'allusion, ce qui n'est pas explicitement énoncé.

Espace transitionnel : Concept de Winnicott d'une espace psychique de transition pour se référer et s'orienter qu'il utilise essentiellement pour expliquer e développement de l'enfant. C'est un espace de transition et de liberté-en-sécurité, entre la réalité physique de l'enfant et la réalité physique et psychique externe (crée par exemple par un objet transitionnel : ours en peluche, bout de tissu, série de sons, permettant à l'enfant une sorte de lien flexible, à partir d'un sentiment de continuité rassurante et de liberté de cette distance ou de ce rattachement à sa mère).

Estime : Appréciation favorable de quelqu'un. Conscience de sa valeur, reconnaissance de ses capacités ou de ses qualités. Jugement qui sert de base à la confiance. L'estime de quelqu'un peut être limitée à certaines de ces capacités (traitement de situations définies) et sur d'autres secteurs être remplacée par la mésestime, la déconsidération, le doute ou même la méfiance. L'estime pour le chef est la condition de l'acceptation de son *leadership*. L'estime de soi-même est un facteur important de la force du moi. Ce jugement sur soi, lorsqu'il est sain, est une juste estimation des possibilités, des handicaps, des manques ou lacunes, de « ce qu'on est capable de faire ». Il peut être faussé de plusieurs façons, dont les deux extrêmes sont : la surestimation de soi, et le doute pathologique de soi (complexe d'infériorité, dépression, sentiment d'incomplétude).

Feed-back (mot anglais signifiant « alimentation récurrente ») : 1. En cybernétique, information automatique en retour, ou signal permettant le contrôle et la régulation automatique d'une opération en cours, étant donné les buts et les normes de cette opération, et s'effectuant à partir de l'évaluation automatique des résultats atteints à chaque instant. En psychologie sociale, signes directement ou indirectement perceptibles (qui a eu un comportement donné avec telle autre ou qui a émis un message vers cette autre personne) de savoir l'effet ou le résultat de son comportement ou de sa communication. Information en retour, verbale ou non-verbale, permettant à l'émetteur ou initiateur de savoir si son message a été reçu et comment il a été reçu ou compris.

2. Nous retrouvons dans cette expression, *feed-back,* nourrir en retour, tout le rôle nourrissant fondamental de la communication interne, source d'énergie. Par exemple, dans la circulation d'informations, cet effet en retour comprend plusieurs étapes : l'émission de l'information, le recueil des réactions provoquées, la restitution des réactions de l'ensemble des salariés et une nouvelle émission enrichie par l'apport des réactions, etc. L'étape de restitution permet de nourrir en retour une action, de l'inscrire dans la durée et de l'enrichir en permanence. Gérer le *feed-back* c'est avant tout écouter et reformuler.

3. Appliqué au contexte de l'animation d'un projet, doit être entendu dans le sens de renforcement réaliste et positif des efforts et des liens existants au sein de l'équipe projet.

Gestes : 1. L'important est qu'ils soient en accord avec vos « dits » et « ressentis », et qu'ils vous aident à bien communiquer avec l'auditoire. Aux gestes fermés (bras et jambes croisés, poitrine rentrée, tête dans les épaules, etc.) préférez des gestes ouverts qui décrispent (vous) et rassurent (eux).

2. Il y a quatre catégories de gestes :

– Gestes d'accompagnement : mouvements des mains suivant le discours en cohérence avec lui.

– Gestes de contenance : mouvement des mains n'ayant aucun lien avec le discours et témoignant de l'anxiété de l'orateur.

– Gestes descriptifs : mouvements des mains décrivant dans l'espace des faits exposés par l'orateur.

– Gestes symboliques : mouvements des mains ayant des significations en tant que tels, sans lien avec le discours, et différant selon les cultures.

Identification : 1. Tendance à assumer, à assimiler, à s'incorporer les attitudes, les opinions, les valeurs, etc., caractéristiques d'une autre personne ou d'un groupe. Mécanisme normal de croissance du Moi, surtout à certains âges (identification aux modèles parentaux, aux maîtres, aux personnes admirées), mais qui perturbe (s'il se fixe) le développement de l'autonomie personnelle.

2. Processus de construction habituelle du Moi de tout individu (qui imite généralement d'abord le parent du même sexe, puis à partir de 6-7 ans, d'autres personnages familiaux, scolaires, sociaux, historiques, ou héros de romans, de télévision, de bandes dessinées, de cinéma ou de théâtre).

C'est aussi le processus par lequel un adulte se met à la place de l'autre, le considère comme son semblable (une partie de l'attirance des individus pour le spectacle théâtral, sportif ou romanesque, est de vivre par identification au héros). La technique du « double » en psychodrame est basée sur un processus volontaire, conscient et organisé d'identification de l'Ego-auxiliaire-double avec le protagoniste, dont il prend (copie) les attitudes, gestes, mimiques, rythme respiratoire, pour pouvoir le comprendre et au besoin parler pour lui et exprimer à sa place ce que le protagoniste, traumatisé ou inhibé, ne peut pas dire. Dans ce processus, le « double » considère le protagoniste comme son semblable, l'aide à exprimer, tout en respectant son autonomie, et sans perdre son être propre (il sait quelles émotions il ressent, lui, et lesquelles il ressent pour l'autre par identifications).

3. Phénomène vécu par une personne quand elle se sent très proche d'une autre ou de l'organisation dans laquelle elle vit, au point qu'elle se considère comme la personne elle-même ou l'organisation même.

Inconscient : 1. Mot qui, selon les théories psychologiques, peut pris dans trois sens :

A) Le *sens psychanalytique*, pour désigner une zone psychique échappant à la conscience de soi, à l'introspection et à la réflexion, et dans laquelle se trouveraient : a) les besoins et les pulsions biologiques avant toute intervention du Moi chargé de leur trouver satisfaction dans la réalité, b) les besoins et les pulsions « refoulés » chassés de la conscience par la censure morale et l'angoisse qui accompagnerait leur satisfaction, c) les mécanismes de défense du Moi, dont le premier est le refoulement lui-même, d) le sur-moi ou conscience « morale » archaïque qui fait pression sur le moi pour faire respecter des interdits appris dans l'enfance, e) tous les souvenirs qui sont à l'origine des refoulements et des interdits, ainsi que tous les souvenirs associés de près ou de loin à ces expériences. Dans ce sens, le révolutionnaire, par exemple, traduit à son insu dans son action et son idéologie, le désir inconscient de se débarrasser avec violence de l'autorité de son père ou des substituts paternels ; le moine traduit à son insu dans son choix d'existence le besoin de se punir de ses pulsions sexuelles et agressives ou bien de retourner symboliquement dans le sein maternel.

B) *Le sens de Pierre Janet*, pour que l'inconscient est un niveau d'existence excluant le contrôle réfléchi et la liberté, niveau entièrement régi par des automatismes psychologiques.

C) *Le sens structuraliste,* pour qui « l'activité inconsciente de l'esprit consiste à imposer des formes à un contenu » (Lévi-Strauss), c'est-à-dire à structurer selon certains modèles signifiants les éléments variés et historiques du donné offerts à la perception et à l'action.

2. Chez Freud, l'inconscient est un processus dynamique dont le mécanisme essentiel est le conflit (entre forces contraires : désirs, exigences morales, monde extérieur). L'inconscient aurait ses propres lois : il est indifférent au temps, ignore la réalité et la logique, s'accommode des contradictions et n'est régi que par le principe de plaisir. C'est par la méthode des libres associations que Freud propose d'appréhender l'inconscient. Sartre, dans *L'Être et le Néant*, rejettera la notion d'inconscient au sens freudien et lui substituera deux niveaux de conscience : la conscience réfléchie et la conscience irréfléchie (tout ce qui se passe en nous est conscient mais ne nous est pas forcément connu). Chez les philosophes, Socrate déjà parlait d'un « démon » tutélaire en guise d'inconscient. Pradines y voyait le « germe de la vie mentale ». Jung proposera l'hypothèse d'un *inconscient collectif* formé des archétypes universels qui symboliseraient les instincts fondamentaux de l'homme.

Maïeutique : Art d'accoucher les esprits, c'est-à-dire de faire découvrir à l'interlocuteur des vérités qu'il porte en lui. Socrate prétendait exercer cet art en posant « au bon moment » des questions à ses interlocuteurs et en leur faisant se rappeler (la « réminiscence ») des données élémentaires (morales, mathématiques...).

Méta-communication : Communication sur la communication, c'est-à-dire communication explicitant soit comment le message doit être compris par le récepteur (Ex : un clin d'œil indiquera que tel mot ne doit pas être pris au sérieux), soit si et comment il a été compris.

Oreille : Organe relevant de la neurophysiologie, réceptif au son et au langage. Influence la qualité de l'écoute suivant la position du corps. Il se compose de trois éléments essentiels : 1) *L'oreille externe* qui assure l'amplification et la directivité des vibrations, grâce au pavillon et au conduit externe : le premier offre les caractéristiques d'une modificateur de sons ; le second long de 3 cm, sélectionne les sons qu'il perçoit en jouant le rôle de filtre et assure un système d'autorégulation, d'alarme et de vigilance. 2) *L'oreille moyenne* qui assure le contrôle des vibrations, joue le rôle de pont mécanique qui permet à la stimulation sonore collectée sur le tympan de se retrouver à l'autre bout de la chaîne ossiculaire. 3) *L'oreille interne* qui capte les vibrations et récolte les messages pour les trier et les transmettre au cerveau. Dans le phénomène d'écoute, l'appareil auditif demeure en corrélation avec la vision et le toucher.

De l'aspect physiologique, l'approche psychologique retient de multiples expressions relatives à l'écoute parmi lesquelles : « ouvrir ses oreilles » (écouter) ; « en rebattre les oreilles » (lasser) ; « dresser l'oreille » (faire attention) ; « mettre la puce à l'oreille » (éveiller la curiosité) ; « prêter l'oreille » (accorder son attention) ; « ne pas l'entendre de cette oreille » (avoir un avis différent) ; « faire la sourde oreille » (faire semblant de ne pas entendre), etc.

Ouïe : Sens par lequel on perçoit les sons. Par extension : « ouï-dire », ce que l'on sait, uniquement pour l'avoir entendu dire par autrui.

Ouverture : Se manifeste par l'expression de soi, la divulgation de ses pensées et sentiments, le dévoilement de soi. Elle va de pair avec la sincérité.

Phénoménologie : 1. Conception philosophique liée à l'existentialisme, pour laquelle la seule réalité incontestable est l'existence, le donné vécu humain et interhumain, et qui refuse comme abstractions inutiles, toutes les cases explicatives, les lois, les raisons, les essences cachées, au-delà du réel ou « derrière » le réel.

Méthode de la psychologie consistant à décrire les données vécues et à trouver leur sens immanent sans quitter le vécu.

2. En psychologie, la méthode phénoménologique désigne une tentative de description du

vécu sans référence à des théories (la réalité est ce qui apparaît à ce qui est vécu, non ce qui est construit par la raison).

Ce courant fondé sur le système de Husserl (« mise en parenthèses du monde ») renvoie à la précarité de la conscience sensible : l'ici et maintenant.

Prise de conscience : Compréhension en profondeur de parties cachées (préconsciencites ou inconscientes auparavant) de soi ; prise sur l'inconscient (« *self-awareness* » en anglais), qui survient souvent après une catharsis ou une abréaction, en mettant ensemble plusieurs comportements ou rôles. Claudel dit que « pour trouver, il faut commencer par déranger l'ordre, créer du désordre et de la confusion, pour remuer le fond ».

La prise de conscience de soi n'est guère confortable en général. Elle se fait souvent en psychodrame, psychothérapie de groupe, psychanalyse, Gestalt-thérapie ; faire face à son passé, à son présent, est souvent une terrifiante gageure.

La connaissance de soi n'est pas une fin en soi, mais un moyen de progrès, un outil de changement, une ouverture vers de nouvelles actions, de nouveaux rôles, de nouveaux comportements, d'autres modes de vie et de relations. Fritz Perls pense que la conscience de soi, par et en elle-même, peut être curative (*Rôles et existence en Gestalt-thérapie*, Paris, Éd. Épi), car nous souffrons toujours des mêmes situations inachevées restées ainsi depuis notre enfance, voire notre naissance, et que nous sommes toujours arrêtés par les mêmes peurs, les mêmes impossibilités d'actions et de réactions… figés dans les mêmes rôles dirait Moreno.

Question : 1. Outil de base pour la consultation. L'art de Socrate *(Maïeutique)* consiste à bien poser des questions pour accoucher les vérités. Il est bon de se soucier des questions que l'on pose en préférant les questions ouvertes, relais ou informations aux questions trop fermées, suggestives ou pièges.

2. Les questions permettent de situer le niveau de compréhension de son interlocuteur ou d'obtenir des précisions ; elles ouvrent ou ferment la réflexion. Venant du formé, elles indiquent ses pôles d'intérêt, ses lacunes, les messages mal perçus du formateur. Venant du formateur, elles situent le niveau de compréhension du formé, elles ouvrent ou ferment la réflexion.

Questionnement : Ensemble des habitudes et des moyens utilisés pour faire parler, interviewer. Le questionnement est donc affaire d'attitudes (faire preuve d'empathie, avoir une écoute active) et de techniques (utiliser le registre des différents types de question, ouverte, fermée, relais, suggestive, etc.).

Réactivité : Tendance à réagir avec impulsivité pour contrer, juger ou contester ou… adhérer. Rébellion ou soumission trop forte et trop spontanée gênent le négociateur qui a besoin de sang-froid et de distance par rapport à lui.

Reformulation : 1. Technique introduite et recommandé par Carl Rogers pour la conduite des entretiens « centrés sur le client », et étendue aux conduites de réunions-discussions et d'interviews de groupe par suite de l'efficacité de l'attitude qu'elle impose.

Consiste à renvoyer à celui qui parle (et qui a l'initiative de son expression, sans qu'il y ait de « questions » auxquelles répondre), le reflet de ce qu'il vient de dire. Cette opération exige un effort de compréhension et de clarification. Elle a un effet stimulateur de l'expression de l'interlocuteur et de sa réflexion sur ce qu'il éprouve.

2. Néologisme qui définit l'action de représenter, par la parole, ce qui vient d'être exprimé par quelqu'un. Il ne s'agit pas de répéter, mot à mot, ni de « faire écho », mais de *refléter* ce que l'autre a dit d'important pour lui. L'écueil à éviter à tout prix : l'interprétation qui est une reformulation inexacte et qui pourrait engendrer de la méfiance chez l'interlocuteur (on dit aussi « reflet » ou « miroir »).

3. Pour un lecteur efficace, la reformulation consiste, après avoir réagi sur le texte pendant la lecture grâce à différentes annotations, à prendre des notes à l'écart du livre en sélectionnant les informations selon son objectif et surtout en traduisant celles-ci dans on langage personnel pour se les approprier. Cette technique a pour avantage de récapituler de façon concise et claire les apports de la lecture et de faciliter la rétention du texte et son intégration aux connaissances du lecteur. Elle constitue d'autre part le nécessaire préalable à l'établissement d'une fiche synthétique de lecture dont l'intérêt est de permettre la confrontation entre différents ouvrages.

Régulation : 1. Ensemble d'actions destinées à assurer le fonctionnement d'un système conformément à des règles. La régulation n'existe pas seulement pour maintenir un système en l'état : une régulation de développement est nécessaire pour parvenir à un nouvel équilibre.

2. Réguler, c'est utiliser les techniques de reformulation pendant la consultation (surtout) et la confrontation afin de résumer, clarifier, recentrer les échanges. C'est un signe de bonne maîtrise du dialogue (regarder dans son rétroviseur en conduisant).

3. Action qui consiste pour le formateur à faire le point avec le formé pour éviter les malentendus ou les quiproquos.

Relais : Terme qui s'applique à la question qui a pour but de relance et orienter une réponse en vue d'aider à approfondir (en quoi ? en quel sens ? par exemple ? c'est-à-dire ?...).

Silence : Suspension momentanée de bruits ou de paroles dans les relations duelles ou groupales. Peut traduire : soit une rétention de messages ou un blocage des affects ; soit la capacité de résonner à une musique, ou encore la prise en considération du discours d'autrui et l'intensité d'une réflexion. Dans le second cas, il manifeste une écoute active. Il n'est donc pas une valeur ajoutée, mais une valeur qui permet d'en ajouter d'autres.

Soi : Le « soi » est globalement synonyme du « Ca » chez Freud : il désigne l'ensemble du psychisme primitif dont une part est maintenue dans l'inconscient. Pour C. Jung (1944), le soi désigne le conscient, « infiniment plus que le Moi » ; il est le terme du processus d'individuation, une conquête de la personne incluant le monde et les autres. En philosophie et pour Kant, la « chose en soi » est la chose telle qu'elle est absolument et non telle qu'elle nous apparaît. Le « pour soi », c'est la conscience. « Être soi-même » peut s'entendre d'un refus du conformisme, d'un souci d'authenticité, ou du refus de se contrôler et de se discipliner.

Sympathie : Relation socio-affective privilégiée par laquelle une personne cherche à « se rapprocher » d'une autre. Dans la sympathie d'identification, on reconnaît l'autre comme reflet de soi par la possibilité de « se mettre à sa place » dans les situations émouvantes, de compatir (étymologie grecque de sympathie : ressentir avec). La sympathie d'aspiration est une autre forme. L'antipathie, également intuition immédiate de la tonalité relationnelle, serait, selon Szondi, constatation chez l'autre de traits de personnalité qu'on a soi-même mais contre lesquels le Moi lutte. Elle fonderait en tout cas un refus de l'identification et un contre-modèle d'aspiration, avec mise à distance ou agressivité.

Bibliographie

Ouvrages

ARTAUD J., *L'Écoute, attitudes et techniques*, Chronique Sociale, 5e édition, 2003.

BELLENGER L., *L'Excellence à l'oral, développer son charisme*, collection Formation permanente en sciences humaines, ESF éditeur, 4e édition, 2007.

BELLET M., *L'Écoute*, Desclée de Brouwer, 1989.

BEVILLE G., *De l'Écoute à l'action*, Fiches EO/FP, Éditions d'Organisation, 1988.

BERTHOZ A., JORLAND G., *L'Empathie*, Odile Jacob, 2004.

BLANC Y., *Le Manager à l'écoute*, Dunod, 2002.

CHILLAND C., *L'Entretien clinique*, PUF, 1983.

CORNELLY A., *Écouter*, Érès, 1983.

CROZIER M., *L'Entreprise à l'écoute*, InterÉditions, 1989.

DELANNOY É. et ROUSSEAU D., *Plaidoyer pour une autre entreprise*, Scrineo, 2012.

DUPUY E., *Comprendre l'autre, réussir avec lui*, Chronique Sociale, 2000.

FAMERY S., *Développer son empathie*, Eyrolles-Éditions d'Organisation, 2007.

FELDMAN D., PES J.-P., *L'Écoute, les bonnes stratégies pour mieux écouter et se faire écouter*, Jouvence Éditions, 2002.

FREUD S., *La Technique psychanalytique*, Bibliothèque de Psychanalyse, PUF, 1981.

FREYMANN J. R., *Introduction à l'écoute*, collection Les manifestations de l'inconscient, Arcanes, 1999.

FROMM E., *L'Art d'écouter*, Desclée de Brouwer, 2000.

GOFFMAN, *La Nouvelle communication*, collection Le temps qui viendra, Le Seuil, 1981.

HALL E. T., *La Dimension cachée (comparaison des attitudes d'écoute selon les ethnies)*, Le Seuil, 1971 et collection Point, Le Seuil, 1978.

HENRIOT C., HENRIOT J.-M., DE LASSUS R., *Parler, écouter, un bonheur réciproque*, Éditions Le Souffle d'Or, 2004.

HOCHMANN J., *Histoire de l'empathie*, Édition Odile Jacob, 2012.

KAEPPELIN P., *L'Écoute*, collection Formation permanente en sciences humaines, ESF éditeur, 1991 (épuisé).

KAHN L., *L'écoute de l'analyste. De l'acte à la forme*, Coll. « Le fil rouge », PUF, 2012.

KOURILSKY F., *Se réjouir, s'apaiser, réussir*, Interéditions, Paris, 2010.

MAZET M., *Des Mots pour vivre, accompagner par lécoute*, Desclée de Brouwer, 2003.

MUCCHIELLI R., *L'Entretien de face à face dans la relation d'aide*, collection Formation permanente en sciences humaines, ESF éditeur, 19e édition, 2007.

MUCCHIELLI R., *L'Observation psychologique et psycho-sociologique*, collection Formation permanente en sciences humaines, ESF éditeur, 5e édition, 1996.

PAGES M., *L'Orientation non directive en psychothérapie et en psychologie sociale*, Dunod, 1965.

PLUTARQUE, *Comment écouter*, Rivages Poche, Petite Bibliothèque, Éditions Payot et Rivages, 1995.

REIK T. H., *Écouter avec la troisième oreille*, collection Hommes et groupes, Épi, 1976.

RIFKIN J., *Une nouvelle conscience pour un monde en crise. Vers une civilisation de l'empathie*, Éditions Les Liens Qui Libèrent, 2011.

ROGERS C. R., *Le Développement de la personne*, Dunod InterÉditions, 2005.

SALOME J., GALLAND S., *Si je mécoutais, je m'entendrais*, Éditions de l'Homme, 1990.

SESTON-RIUDAVETZ Y., *Une écoute particulière*, Z'éditions, 2000.

SIMONET R., SALZER J., SOUDEE R., *Former à l'écoute, 55 fiches de formation à l'écoute*, Éditions d'Organisation, 2004.

TISSERON S., *L'empathie au cœur du jeu social*, Albin Michel, 2010.

TOMATIS A. A., *L'Oreille et la Vie*, collection Réponses-Santé, R. Laffont, 1977.

VANESSE A., *Écouter l'autre, tant de choses à dire*, Chronique Sociale, 4e édition, 1998.

VEINSTEIN A., *L'Intervieweur*, Calmann-Lévy, 2002.

WAAL F. de, *L'âge de l'empathie*, Éditions Les Liens Qui libèrent, 2010.

Revues

L'Écoute, Résonances et Rencontres, Autrement, Revue collection Mutations, n° 180, sept. 1998.

« L'empathie », *Le Journal des Psychologues*, n° 286, avril 2011.

« L'écoute à l'épreuve du médical », *Le Journal des Psychologues*, n° 266, avril 2009.

« Clinique et Management », contribution de Bernard Rozès, directeur de l'ITEP, Revue *Empan*, Érès n° 78, juin 2010.

Index

OUVRAGES PUBLIÉS
DANS LA COLLECTION FORMATION PERMANENTE

ROGER MUCCHIELLI
L'analyse de contenu.
Des documents et des communications (n° 16).
Communication et réseaux de communications (épuisé – n° 12).
Les complexes personnels (n° 11).
La conduite des réunions (n° 3).
La dynamique des groupes (n° 4).
L'entretien de face à face dans la relation d'aide (n° 1).
L'étude des postes de travail (épuisé – n° 7).
L'examen psychotechnique (épuisé – n° 8).
L'interview de groupe (n° 6).
La méthode des cas (n° 5).
Les méthodes actives dans la pédagogie des adultes (n° 13).
Observation psychologique et psychosociologique (n° 17).
Opinions et changements d'opinion (n° 9).
Organigrammes et sociogrammes (épuisé – n° 14).
Psychologie de la publicité et de la propagande (épuisé – n° 10).
Psychologie de la relation d'autorité (n° 19).
Psychologie de la vie conjugale (n° 15).
Psychosociologie d'une commune rurale (épuisé – n° 20).
Le questionnaire dans l'enquête psychosociale (n° 2).
Le travail en équipe (n° 18).

BERNARD ADAM
Animer une étude analyse de la valeur (épuisé – n° 79).

ANNE ANCELIN-SCHUTZENBERGER
Le jeu de rôle (épuisé – n° 43).

JOSEPH AOUN
Manager une équipe multiculturelle.
Faire de la diversité une clé de la performance (n° 161).

BRUNO BARJOU
Manager par projet.
Méthodes et comportements pour animer hors statut hiérarchique (n° 128).
Savoir transmettre son expertise et son savoir-faire (n° 109).
Vendre ses idées et ses projets. Des clefs pour obtenir l'accord (n° 141).

BRUNO BARJOU, ANNICK COHEN, JACQUES ISORÉ, JEAN-PIERRE TESTA
Réussir dans ses nouvelles responsabilités.
Prise de fonction : mode d'emploi (n° 118).

GUY BARRIER
La communication non verbale.
Aspects pragmatiques et gestuels des interactions (n° 117).
Internet, clefs pour la lisibilité.
Se former aux nouvelles exigences de l'hypermédia (n° 140).

JEAN-MICHEL BAZIN ET ROGER BAZIN
Comment raisonner pour décider.
Apprendre à trouver des solutions (n° 129).

ROGER BAZIN
Développement personnel et entraînement mental (n° 29).
Le nouvel esprit qualité (épuisé – n° 82).
Organiser les sessions de formation (n° 30).

THIERRY BEAUFORT
40 exercices de pédagogie ludique pour la formation (n° 185).
40 nouveaux exercices ludiques pour la formation (n° 191).

LIONEL BELLENGER
À chacun sa résilience. Savoir saisir sa chance (n° 200).
Agir en stratège.
Les enseignements de Sun Tzu au service de votre réussite (n° 168).
Comment managent les grands coachs sportifs.
Des pistes concrètes pour le coaching en entreprise (n° 156).
Du bon usage des moyens d'influencer et de convaincre (n° 122).
La boîte à outils du négociateur.
La confiance en soi (n° 100).
La force de persuasion.
L'argumentation.
Principes et méthodes (n° 37).
Les fondamentaux de la négociation.
Stratégies et tactiques gagnantes (n° 163).
Les meilleures techniques pour questionner, argumenter, réfuter (n° 164).
Les outils du négociateur.
Consulter, argumenter, réfuter [2] (épuisé – n° 90).

Les techniques d'argumentation les plus sûres. Convaincre avec clairvoyance (n° 205).
L'excellence à l'oral (n° 149).
L'expression orale (épuisé – n° 44).
Libérez votre créativité.
De l'imagination à l'innovation gagnante (n° 166).
Piloter une équipe projet (n° 158).
Rire et faire rire.
Pourquoi l'humour change la vie (hors série).
Stratégies et tactiques de négociation [1] (épuisé – n° 83).

LIONEL BELLENGER ET MARIE-JOSÉE COUCHAERE
Animer et gérer un projet (épuisé – n° 95).
Les techniques de questionnement.
Savoir poser les bonnes questions (n° 143).
Plus efficace et moins stressé.
Le bien-être, clé de la performance (n° 159).
L'écoute.
Osez l'empathie pour améliorer vos relations (n° 182).

LIONEL BELLENGER ET PHILIPPE PIGALLET
Dictionnaire de la formation et du développement personnel (n° 113).
100 exercices et études de cas pour la formation (n° 154).

LIONEL BELLENGER, PHILIPPE PIGALLET, REHBIA COUILLET, MARIE-JOSÉ COUCHAERE, BRUNO BARJOU
C'est moi d'abord (n° 150).

PIERRE CAUVIN
La cohésion des équipes.
Pratique du team building (n° 119).

PIERRE CAUVIN ET GENEVIÈVE CAILLOUX
Les types de personnalité.
Les comprendre et les appliquer avec le MBTI (indicateur typologique de Myers-Briggs) (n° 102).

RAMEZ CAYATTE
Motiver, oui mais comment ? (n° 190).
Manager un projet...
Oui mais comment ? (n° 195).

ALAIN CAYROL ET PATRICK BARRÈRE
S'initier à la PNL.
Les basiques de la programmation neuro-linguistique (n° 60).

DOMINIQUE CHALVIN
L'affirmation de soi (n° 41).
Autodiagnostic des styles de management.
À l'usage des cadres et des dirigeants (n° 56).
Cultivez votre personnalité (n° 177).
Du bon usage de la manipulation (n° 148).
Faire face aux stress de la vie quotidienne (5e édition – n° 48).
Formation : méthodes et outils.
Tome 2 – Encyclopédie des pédagogies pour adultes (n° 116).
Histoire des courants pédagogiques.
Tome 1 – Encyclopédie des pédagogies pour adultes (n° 115).
Les nouveaux outils de l'analyse transactionnelle.
Le manager flexible (n° 197).
Pour développer l'énergie des individus et des organisations [2] (n° 64).
Les outils de base de l'analyse transactionnelle.
Pour développer l'énergie des individus et des organisations [1] (n° 63).
Tensions et conflits dans les relations personnelles.
Comment s'en sortir (n° 136).
Utiliser tout son cerveau.
De nouvelles voies pour accroître son potentiel de réussite (épuisé – n° 61).

GÉRARD CHANDEZON ET JOËL SALOU
L'insécurité (épuisé – n° 59).

JACQUES CHAUMIER
Travail et méthodes du documentaliste.
Pour une exploitation méthodique et optimale de l'information (n° 39).

CORINNE CHAUVIN
Concevoir un stage de formation (n° 173).

JEAN-DOMINIQUE CHIFFRE ET JACQUES TEBOUL
La motivation et ses nouveaux outils (épuisé – n° 74).

JACQUES CLARET
Organiser la pensée.
Une formation méthodique au travail intellectuel (n° 47).

LAURENT COMBALBERT
Le management des situations de crise.
Anticiper les risques et gérer les crises (n° 171).
Négocier en situations complexes (n° 179).

VIRGINIE CORNET, PHILIPPE AURIOL
Le parler-vrai.
La méthode Schutz pour être vrai avec soi-même et avec les autres (n° 108).

MARIE-HÉLÈNE COU ET CLAUDE DEMEURE
Utiliser efficacement la vidéo en formation (épuisé – n° 111).

MARIE-JOSÉE COUCHAERE

Éduquer la mémoire (épuisé – n° 50).

Le développement de la mémoire.
Clés pour une mémoire dynamisée (n° 147).

Favoriser le travail en équipe par la coopération.
Comment réussir ensemble (n° 194).

Manager son temps et son énergie (épuisé – n° 125).

REBIHA COUILLET

Être soi.
Une démarche pour se réconcilier avec soi (n° 124).

SOPHIE COURAU

Les outils de base du formateur.
Parole et supports [1] (n° 97).

Les outils d'excellence du formateur.
Concevoir et animer des sessions de formation [2] (n° 99).

Jeux et jeux de rôle en formation (n° 175).

ÉLIZABETH COUZON ET FRANÇOISE DORN

Les émotions.
Développer son intelligence émotionnelle (n° 181).

DENIS CRISTOL

Management et communication : 100 exercices (n° 196).

Innover en formation.

Dynamiser l'apprentissage en entreprise (n° 201).

50 conseils pour développer l'envie d'apprendre (n° 203).

Management et innovation : 60 nouveaux exercices pour apprendre ensemble (n° 206).

PHILIPPE CRUELLAS

Le temps autrement.
Le kit de survie des nouveaux nomades (n° 135).

MARC DENNERY

Évaluer la formation après la réforme (n° 172).

La réforme de la formation professionnelle.
Année 2 (n° 170).

Organiser le suivi de la formation.
Méthodes et outils (n° 121).

Piloter un projet de formation.
Du diagnostic des besoins à la mise sous assurance qualité (n° 132).

DIF et professionnalisation.
Comment adapter l'offre de formation (n° 178).

GÉRARD DEVAUX

Se préparer à l'oral des examens et des concours (n° 77).

MARC DOVERO ET ÉLISABETH GREBOT

Enseigner, former, conseiller avec la PNL (n° 93).

LAURENT DUFOURT ET RICHARD BOURRELY

Jeux et outils pour conduire le changement (n° 198).

JEAN-CHRISTOPHE DURIEUX, HANNAH BESSER

Réussissez vos recrutements.

De la définition du besoin à l'intégration du collaborateur (n° 165).

Développement personnel et professionnel.

Pour s'accomplir au jour le jour (n° 176).

VICTOR ERNOULT, JEAN-PIERRE GRUERE, FABIENNE PEZEU

Optimiser les ressources humaines dans l'entreprise (épuisé – n° 53).

FÉDÉRATION FRANÇAISE DE COACHING

Agir en coach.

Les bonnes pratiques d'un coaching professionnel (n° 76).

ALAIN FRÉDÉRIC FERNANDEZ, FRANK SAVANN

Manager la formation aujourd'hui.

De la gestion du budget au développement des compétences (n° 167).

ODILE FEVRE ET ÉRIC SCHULER

L'affirmation de soi au féminin.

L'assertivité au féminin (n° 114).

MICHEL FUSTIER

Pratique de la créativité (épuisé – n° 33).

PHILIPPE GABILLIET

Savoir anticiper.

Les outils pour maîtriser son futur (n° 137).

PHILIPPE GABILLIET ET YVES DE MONTBRON

Se former soi-même (épuisé – n° 126).

BERNARD GANGLOFF

Les techniques de recherche d'emploi (n° 104).

BERNARD E. GBÉZO

Agressivité et violences au travail.
Comment y faire face (n° 142).

CHANTAL GENSSE

Le manager aux 5 passeports (n° 153).

MICHEL GIFFARD
Développez votre intuition et celle de votre équipe (épuisé – n° 92).

PATRICK GILBERT ET CHRISTIAN CHARDON
Analyser l'écriture.
Une démarche et un outil nouveaux en graphologie (n° 67).

LAURENT GODBOUT
S'entraîner à raisonner juste (épuisé – n° 78).

ÉLISABETH GREBOT
Images mentales et stratégies d'apprentissage. Explication et critique. Les outils modernes de gestion mentale (n° 101).

JEAN-ÉDOUARD GRÉSY
Gérer les ingérables.
L'art et la science de la négociation au service de relations durables (n° 192).

JEAN-ÉDOUARD GRÉSY, RICARDO PÉREZ-NÜCKEL,
PHILIPPE EMONT
Gérer les risques psychosociaux.
Performances et bien-être au travail (n° 202).

ANDRÉ GUITTET
Développer les compétences par une ingénierie de la formation (n° 107).

HUBERT JAOUI
Créativité, mode d'emploi (n° 81).

HUBERT JAOUI, FRANÇOIS-MARIE PONS
La communication pratique au service des entreprises (épuisé – n° 94).

ALAIN JOLIBERT ET MAUD TIXIER
La négociation commerciale. Études de cas.
Préparation et stratégie (n° 76).

ALAIN KERJEAN
L'apprentissage par l'expérience.
Pour développer les compétences stratégiques (n° 174).

PATRICK KORENBLIT, CHARLES NEUMAN,
CHRISTIAN JEANGUIOT
Mettre en place les entretiens professionnels.
L'évaluation après la réforme (n° 162).

PATRICK KORENBLIT, CAROLE NICOLAS,
HÉLÈNE LEHONGUE
Construire son projet professionnel à partir du bilan de compétences (n° 157).

JEAN-FRANÇOIS LABOREY
L'entretien annuel d'appréciation et de carrière (épuisé – n° 88).

GINGER LAPID-BODGA
L'ennéagramme.
Se connaître pour réussir (hors série).
Le leadership.
Découvrez le leader qui est en vous avec l'ennéagramme (hors série).

ANNE-MARIE LAPORTE-CASTELNAU
ET BRIGITTE LAPORTE-DARBANS
La gestion de soi.
La voie nouvelle du management (n° 103).

JEAN-LOUIS LASCOUX
Pratique de la médiation.
Une méthode alternative à la résolution des conflits (n° 144).

DANIEL LATROBE
Gérer efficacement son temps et ses priorités.
Une logique du plaisir (n° 139).

PIERRE LEBEL
Améliorer la qualité de vie au travail par la participation (n° 80).
Métrologie, mesure et maîtrise des communications (épuisé – n° 28).

CLAUDE LEBŒUF, ALEX MUCCHIELLI
Le projet d'entreprise (épuisé – n° 69).

ÉDOUARD LIMBOS
L'animation des groupes de culture et de loisirs (n° 35).

YVES-FRÉDÉRIC LIVIAN
Gérer le pouvoir dans les entreprises et les organisations (n° 71).

CHRISTOPHE LUNACEK
La délégation efficace.
Pour un nouveau management plus responsabilisant (n° 105).

LUC MARSAL
La détection des potentiels.
Pour une gestion anticipée des ressources humaines et des carrières (n° 131).

ARLETTE MUCCHIELLI
Apprendre à coopérer.
Repenser la formation (n° 134).

JACQUES NIMIER
La formation psychologique des enseignants (n° 112).

DANIEL PEMARTIN
Réussir le changement (épuisé – n° 68).

BRIGITTE PIARRAT
Le bilan de compétences.
Comment réussir votre mobilité (n° 186).

PHILIPPE PIGALLET
Méthodes et stratégies de lecture (épuisé – n° 57).
Les outils de la pensée. Éduquer le sens critique (n° 127).

HENRY RANCHON
Construire votre management d'équipe (n° 169).

CHRISTIE RAVENNE
Gérer les tournants de carrière (n° 72).
Les nouvelles missions du management (épuisé – n° 75).
Rechercher et innover en groupe (épuisé – n° 58).

GÉRARD RODACH
Mettre en place une stratégie gagnante (n° 189).

GÉRARD RODACH ET AVIAD GOZ
Trouver sa voie.
Réorienter sa carrière et sa vie en accord avec ses motivations (n° 193).

GUY ROUDIÈRE
Décrypter les débats télévisés.
Outils et pratiques (n° 138).
Mieux s'exprimer pour convaincre et agir (n° 120).
Traquer le non-dit (n° 151).

GHUYSLAINE ROY-LEMARCHAND
Le management des compétences (n° 183).

GUY SABON
Formation des tuteurs et des maîtres d'apprentissage.
Pour une intégration réussie des jeunes dans l'entreprise (n° 106).

GUY SABON ET JEAN-MARIE JIVEL
L'entretien de recrutement.
Des outils et des méthodes pour mieux recruter (épuisé – n° 96).

CHANTAL SELVA
La programmation neuro-linguistique appliquée à la négociation (épuisé – n° 86).

CHANTAL SELVA ET GUY MISSOUM
Savoir définir et gérer des objectifs.
Une stratégie de la réussite (n° 91).

LOUIS TIMBAL-DUCLAUX
La communication écrite scientifique et technique (épuisé – n° 84).
L'expression écrite.
Écrire pour communiquer (n° 42).

ARLETTE YATCHINOVSKY
L'approche systémique.
Pour gérer l'incertitude et la complexité (n° 133).
Mieux vivre le changement.
Accompagner et réussir les transitions (n° 160).

ARLETTE YATCHINOVSKY, PIERRE MICHARD
Le bilan personnel et professionnel.
Instrument de management (n° 87).
Histoire de vie.
Une nouvelle approche pour repenser sa vie autrement (n° 110).

Notes personnelles

Notes personnelles

Notes personnelles

Notes personnelles

Achevé d'imprimer en septembre 2012
par Dimograf
Biesko-Biala, Pologne